Peter Veran

Plädoyer eines
Märtyrers

Eine Groteske

Danksagung

an Gabriele. Und Rose, Anja und Blue;
an Angelica, Dagmar, Gerald, Kurt, Marie Madaleine, Michael,
Michael und Peter;
an Sabine, Julia, Philipp, Marlene, Marie und Christine;
und an Paris und Andalusien.

Editorische Vorbemerkung

Mundartliche Begriffe sowie historische und andere Referenzen
werden zum besseren Verständnis des Buches in einem nachge-
lagerten, alphabetisch geordneten Glossar erläutert. Sie sind im
Text mit einem Sternchen (*) gekennzeichnet.

Inhalt

I. Die Verantwortung

Im Jahr 2020, sechsundachtzig Jahre nach dem Aufstand im Februar 1934 gegen die sich verfestigende Diktatur, wird der Bundeskanzler dieser Zeit, Engelbert Dollfuß, aus seinem »historischen Grab« in Wien-Hietzing exhumiert. Man setzt ihm ein selbstheilungskraftaktivierendes, linksgedrehtes Licht-Stammzellenpflaster einer lebensberatenden Verganzheitsmedizinerin exakt an jene Stelle, an der einst die Zirbeldrüse gesessen sein mag. Dann stellt man ihn vor Gericht.

Dollfuß soll sich für den Bruch der demokratischen Verfassung der Ersten Republik Österreich im Frühjahr 1933 und nachfolgende Straftaten bis zu seinem gewaltsamen Tod im Juli 1934 verantworten. Als zuständig für einen solchen Prozess kommen alle Landesgerichte der Zweiten Republik in Frage, insbesondere in den Sprengeln der Haupttatorte, das Graue Haus in Wien, die Landesgerichte in Niederösterreich, Oberösterreich und in der Steiermark.

Ohne auf Verjährungsproblematiken einzugehen, berücksichtigt die Staatsanwaltschaft in ihrer Anklage eine Reihe von Tatbeständen. Sie legt eine umfangreiche Anklageschrift vor, eine beachtliche »Speisekarte«, wie es im Justizjargon heißt. Die Strafrechtslage der Ersten Republik vor dem Verfassungsbruch und jene der heutigen Zweiten Republik sind in den wesentlichen Punkten deckungsgleich.

1. Verbrechen gegen Leib und Leben:
Vielfacher Mord, Körperverletzung mit schweren Dauerfolgen und schwere Körperverletzung.

2. Verbrechen gegen den Staat:
Hochverrat, staatsfeindliche Verbindungen und kriminelle Vereinigungen.

3. Angriffe auf oberste Staatsorgane:
Nötigung der obersten Vertretungsorgane wie Nationalrat und Landtage und Nötigung der Höchstgerichte, vor allem des Verfassungsgerichtshofes.

4. Verbrechen gegen die Freiheit:
Freiheitsentziehung und schwere Nötigung.

5. Verbrechen gegen den Frieden:

Landfriedensbruch und Landzwang, Terrorismus.

6. Strafbare Verletzungen der Amtspflicht und Korruption:

Missbrauch der Amtsgewalt, Bestechung, Folter sowie Quälen und Vernachlässigen von Gefangenen.

7. Strafbare Handlungen gegen die Rechtspflege:

Unterdrückung von Beweismitteln, Verleumdung und Begünstigung.

8. Verbrechen gegen das Vermögen:

Schwere Sachbeschädigung, schwerer Raub, schwerer Diebstahl, Einbruchsdiebstahl und räuberischer Diebstahl.

Bagatelldelikte werden aus Gründen der Prozessökonomie nicht angeklagt.

Die acht Geschworenen, die drei Berufsrichter des Senates, die Staatsanwältin, der Verteidiger, der Angeklagte und das zahlreiche Publikum haben die Plätze eingenommen. Die vorsitzende Richterin eröffnet das Verfahren und nimmt die Personalien auf.

Geboren?

1892, Texing, Erzherzogtum Österreich unter der Enns.

Wohnort?

Historisches Grab Wien-Hietzing.

Vermögen?

Vererbt.

Beruf?

Märtyrerkanzler.

Die Richterin weiter: Bekennen Sie sich schuldig?

II. Das Entschulden

Naja, Frau Rat, mein Verteidiger hat gemeint, Hände hoch. Die von der Staatsanwaltschaft vorgebrachten Tatbestände werden ja wohl erfüllt sein, auch bei der Schuldfähigkeit, sagt mein Verteidiger, wird nicht viel zu machen sein, weil deppert bin ich ja nicht. Aber, Frau Rat, wir plädieren auf entschuldbaren Notstand. Ich habe getan, was ich tun habe müssen, um großen Schaden von Österreich abzuwenden. Mein Verteidiger sagt, nutzt's nix, schad's nix. Und ich mache von meinem Recht auf eine zusammenhängende Sachverhaltsdarstellung Gebrauch.

Wir hatten einen Lauf.

Die Anfänge

Wir hatten einen Lauf. Ich kann das nicht anders ausdrücken. Wir wussten, es muss etwas geschehen in diesem Land, in unserem Land, und dann hat das eine das andere ergeben. Und es war so leicht. Wir hatten eben einen Lauf.

Im Detail weiß ich jetzt gar nicht so recht, wo ich anfangen soll, Frau Rat. Ich denke, am besten 1918. Eine Katastrophe. Zusammenbruch. Da sind wir zurückgeflutet aus unserem so heldenhaften und entbehrungsreichen Krieg, keine Ordnung mehr, nichts, wo man sich hätte anhalten können. Ganz desperat waren wir, unser Kaiser abmontiert, auf der Straße Arbeiter- und Soldatenräte. Von Ungarn und Bayern haben schon die Sowjets hereingeschaut, Rätediktaturen, in unser hunger- und tuberkulosekrankes Land, von dem noch keiner genau gewusst hat, was und wer denn da alles dazugehört.

War uns schon recht mulmig zumute, Frau Rat, das können Sie mir glauben. Da waren wir schon eher angetan, dass unsere Sozis nicht ganz so radikal waren, wie wir ihnen das immer nachgesagt hatten. Da sind wir uns recht schnell einig geworden. Republik, Demokratie und Rechtsstaat. Die Bürgerrechte noch aus der Revolution 1848, die waren ja irgendwo noch in unserer Tradition. Die Frauen aber sollten jetzt auch wählen dürfen, hat der Renner* gesagt. Selbst bei uns waren ein paar überspannte Frauenversteher dafür. Haben wir uns halt auch darauf eingelassen. Hat ihnen ohnehin nichts genützt, den Sozialdemokraten, die Frauen haben dann eh uns gewählt. Sechs sehr, sehr rote Emanzen mit der hantigen Adelheid* an der Spitze sind ins Parlament eingezogen. War gewöhnungsbedürftig, geb ich zu. Weil sie zu Hause nichts zu tun finden, dilettieren sie halt herum in der Weltgeschichte.

Wie dann, Frau Rat, die ersten Weiber geredet haben im Parlament, das war schon ein wenig gruselig. Und zeitweilig ist, so hab' ich mir berichten lassen, dem einen oder anderen auch mal der eine oder andere fassungslose Lacher ausgekommen. Und Weiber haben wir sogar in den eigenen Reihen gehabt. Die Burjan*. An sich tadellos rechtgläubig, gut erzogen in Kirche und Küche. Da möchte man annehmen, so eine wär' gescheiter. Hat dann irgendwann einmal ein Heimarbeitsgesetz eingebracht. Ich mein, dass die Weiber in Heim und Garten zu arbeiten haben, ist doch wohl selbstverständlich. Wofür, bittschön, braucht's dafür ein Gesetz?

Die Lebenserfahrung bei der lieblicheren, aber doch recht schlichten besseren Hälfte des Menschengeschlechts ist halt nur sehr eingeschränkt, und das Verständnis für die *Res publica?* Was soll ich Ihnen sagen, Frau Rat. Ein Seufzer.

Der Kelsen*

1920 ist dann unsere Verfassung endgültig gestanden. Na ja, endgültig, Frau Rat, das ist relativ, nichts ist in Stein gemeißelt. Also, unsere vorübergehende Verfassung halt. Bitteschön, ich selbst war ja zu dieser Zeit durchaus ein lupenreiner Demokrat. Man hat ja nicht so genau gewusst, wohin wird's denn gehen. Alles ist in Bewegung, volatil, die Karrieren haben sich noch nicht so deutlich abgezeichnet. Und da ist so eine Verfassung schon einmal ein Anfang, in der kann man sich bewegen und entwickeln, in welche Richtung auch immer.

Und der Kelsen, unser Rechtsgelehrter, der sich immer in den Vordergrund hat drängen müssen, hat gesagt: Einen Verfassungsgerichtshof bräuchten wir auch. Endkontrolle. Weil nicht nur das Recht der Politik zu folgen habe, sondern auch die Politik dem Recht. Irgendetwas von *Checks and Balances* hat er gefaselt, der überstudierte Pseudojud. Ist uns damals sehr seltsam vorgekommen, Frau Rat. In meinem Jusstudium habe ich zumindest davon nichts gelehrt erhalten. Eine ganze Verfassung hat er herumgeschrieben, der Kelsen, um seine Checks and Balances, seine angeblich so reine Rechtslehre.

Wir waren da eher zurückhaltend. Mit Recht, wie sich dann später ja auch erwiesen hat. Eine der ersten Maßnahmen, in unserem entschuldbaren Notstandsprojekt später, war dann ja auch, den Verfassungsgerichtshof wieder zu eliminieren. Auch in diesem Punkt waren wir unserer Zeit und dem politischen Mitbewerb, einmal mehr, weit voraus. Haben Sie nicht unlängst einen Innenminister gehabt, der endlich unsere rechtstheoretischen Ansätze wirklich verstanden zu haben scheint? Ach ja, Ihre Innenminister, die wechseln ja in letzter Zeit geradezu getaktet. Aber der, den ich meine, der berittene Rechtsphilosoph, Frau Rat, wär' schon schön, wenn der wiederkommen tät. Denn, wie Frau Rat, hat der vor einiger Zeit so treffend angemerkt: Das Recht hat der Politik zu folgen. Aus und basta. Wenn da ein Verfassungsgerichtshof herumqueruliert, der zudem kontrollieren will, ob auch die Politik dem Recht folgt, können sich motivierte Politiker, Menschen mit konstruktivem Gestaltungswillen, wie wir es eben waren, ja gar nicht mehr entfalten.

Aber damals, 1920, die Zeiten waren eben schlecht, haben wir diese Krot' noch schlucken müssen. Wie wir dann 1929, ich werde darauf zurückkommen, Frau Rat, den Sozis die Verfassungsänderung abgepresst und einen ersten Schritt in Richtung unseres entschuldbaren Notstandsprojektes gesetzt haben, haben wir den Kelsen hinausgedrängt aus dem Verfassungsgerichtshof. Nix da, mit Verfassungsrichter, haben wir gesagt, wär' ja noch schöner. Da hat er schon die Verfassung schreiben dürfen und will sie dann auch noch als oberster Richter anwenden? Wo bleibt denn da die Gewaltenteilung, frag ich Sie, Frau Rat?

Erschwerend dazugekommen ist freilich, dass es bei diesem Kelsen immer ein bisserl gejüdelt hat. Erst der Vater soll zum Christentum konvertiert sein, also von einem Arier keine Rede. Dazu ganz offensichtlich ein Demokrat, ich mein ein verbohrter, und nicht nur ein volatiler, vielleicht auch vorübergehender. Und ein wenig links vermutlich auch noch. Und liberal. Wo der dazugehört hat, lässt sich auch heute noch nicht wirklich sagen. Die einen meinen, ein Sozi, aber dann hat der, der unzuverlässige Kelsen, wieder einmal, völlig unerwartet, mit spitzer Feder sogar, gegen den Marxismus angeschrieben. Einige Großdeutsche, im Grunde ja immer auf unserer Seite, haben sogar seine angebliche Liberalität geschätzt. Und einige Ministerialbüros der Kaiserzeit haben ihn anerkannt und Gesetzesentwürfe schreiben lassen. Bei so einer Menschenkenntnis in der Bürokratie darf es einen nicht wundern, dass wir den Krieg hochkant verloren haben.

Die Ungeraden

Und so haben wir uns immer gefragt, in unseren Studentenbuden, wie tickt so ein Kelsen? Und seine Konsorten? Und bald war die Antwort klar: Das sind Ungerade.

In den Burschenschaften, ob nun christlich oder deutschnational, waren wir uns zumindest in einem Punkt einig: Wir kämpfen gegen das Ungeradentum. Ein Wortungetüm, Frau Rat, gebe ich zu, aber gar nicht schwer erklärt. Das Ungeradentum, das waren die Liberalen, Emanzen, Sozialisten, Bolschewisten, Juden und Freimaurer. Homosexuelle freilich auch, wenn sie bei Bedarf zum Thema gemacht wurden. Ist auch in den eigenen Reihen vorgekommen, geb' ich zu, Frau Rat, aber man muss ja nicht alles vor den Paravent holen. Andere sittlich oder politisch Irregeleitete und Untermenschen wie Zigeuner darf ich hier aussparen, um in meinen Ausführungen nicht zu langatmig zu werden. Nicht der Rede wert. Insgesamt ekelig also, das ganze Geschmeiss.

Ein Ziel hat uns alle in dieser verschworenen, Bier- und Rauch-schwaden-durchzogenen Budenherrlichkeit die paar kleinlichen Differenzen, die man mal so hat, wenn man jung ist und gerne die Schläger* kreuzt, vergessen lassen: Alle akademischen und staatlichen Schlüsselpositionen in Österreich wollten wir mit Mitgliedern oder Sympathisanten unserer Gemeinschaften besetzen. Auch die Liebe zur rassischen Hygiene hat uns alle so innig verbunden. Nicht zuletzt auch den Arthur Seyß-Inquart und mich. Oh, mein Freund Arthur, ich werd' dann später, Frau Rat, noch mit ein paar wenigen Worten auf ihn eingehen müssen.

Schon als Vertreter der K.Ö.H.V. Franco–Bavaria Wien habe ich auf der Generalversammlung des katholischen Cartellverbands den mutigen Antrag stellen dürfen, was sag ich, Frau Rat, wiederholen dürfen, wir stehen ja immer auf den Schultern unserer honorigen geistigen Ahnen, dass Mitglieder der Burschenschaftsverbindungen deutsch-arischer Abstammung zu sein haben. Nachweisbar bis in die Linie der Großeltern. Will heißen: keine direkten jüdischen Verwandten in der gesamten Großelterngeneration für unsere Bundesbrüder!

Das hätte selbst der Wilhelm Stuckart*, der Starjurist der Nazis, in seinen Rassengesetzen und Bluttafeln nicht präziser formulieren können, als ich damals. Einmal mehr ein schöner Beweis dafür, Frau Rat, wie profund wir bereits zu dieser Zeit rassentechnisch-ideo-logisch aufgestellt waren. Die Nationalsozialisten, die uns dann später unsere Diktatur, unser entschuldbares Notstandsprojekt, streitig machen wollten, waren nur unsere Epigonen. Das muss, in aller Bescheidenheit, auch einmal gesagt sein.

Als besondere Kampfzone, als Aufmarschrampe, für die so notwendige, unvermeidliche Auseinandersetzung mit den Unge-raden, haben wir uns, auch und vor allem später dann in unserem entschuldbaren Notstandsprojekt, die Universitäten erwählt. Da, vor allem an unserer ehrwürdigen Wiener Alma Mater, haben solche Leute wie der Kelsen, aber auch ein Moritz Schlick*, der geglaubt hat, mit seinem Wiener Kreis unsere in Gott und Vaterland erwachsene Philosophie erneuern, was sag ich, Frau Rat, versauen zu müssen und die Häresien der Aufklärung und der Moderne vorangetrieben.

Dagegen sind wir angetreten. Mit all unserem Willen, mit all unserer Kraft. Unsere Aufgabe war es, das Ungerade gerade zu biegen. Gehen Sie einmal, Frau Rat, aus der Mitte einer Stadt, also dem Zentrum der Macht, hinaus in die Glasscherbenviertel. Die Hausnummern auf der rechten Seite der Straße: Gerade. Auf der linken? Ungerade. Das sagt alles, nicht wahr?

Wenn die Ungeraden nicht guten Willens waren und sich nicht freiwillig geradebiegen haben lassen, gab es nur eines: Brechen. Haue. Ganz gerade wird das erfahrungsgemäß auch dann nicht mehr, aber die Fasson ist halbwegs erträglich. Alles was wir gewollt haben, alles was wir getan haben, haben wir gewollt und getan für gerade Lebensentwürfe. Volksgemeine Lebensentwürfe auf der rechten, auf der geraden Straßenseite. Zu unserem Wohl. Zum Wohl unseres Vaterlandes.

Der ungerade akademische Bodensatz war zäh, unangenehm zäh, aber bei der so notwendigen Grundreinigung sind wir alle wie eine einzige Bruderschaft zusammengestanden. Die Christbewegten ebenso wie die strammen Nationalen. Sicher, die nationale Putzkolonne war schon etwas gewalttätiger als wir. Die Prügel für das linksliberale Akademikerproletariat waren bei denen schon einigermaßen solider, uns ist nur hin und wieder mal die Hand ausgekommen. Aber, Frau Rat, da darf man sein Licht nicht unter den Scheffel stellen. In der Effizienz sind wir den Deutschnationalen und später den Nazis um nichts nachgestanden. In unserem gemeinsamen Ziel klar fokussiert, ist vor allem später dann, in unserem entschuldbaren Notstandsprojekt, recht viel weitergegangen. Ich geb' aber schon zu: Die endgültige Säuberung unserer elitären Bildungsinstitute konnte erst, allerdings auf Grundlage unserer umsichtigen Vorarbeiten, im Dritten Reich vollendet werden.

Überhaupt die Universität, Frau Rat. Da hab ich viel gelernt, weniger im Studium, als beim Drumherum. War nicht so leicht für mich, Anschluss zu finden, ich war ja unehelich. Da ist man schon ein wenig diskriminiert, als *unedelig* haben sie mich zeitweilig verspottet. Und meine knappen Einsfünfzig waren auch nicht gerade Respekt einflößend. Dazu nahezu mittellos. Die Kirche hat die Finanzierung meiner Ausbildung einstellen müssen, weil ich die Theologie abgebrochen und auf ein Jus-Studium umgesattelt habe. Aber, wenn man in die richtigen Kreise engagiert investiert, Frau Rat, in die alten Herren mit Vergangenheit, hat man schon irgendwie Zukunft.

Ich war Studentenvertreter, freilich, wer die Zukunft gestalten will, muss früh beginnen. Sofort hab ich für die mosaischen Bildungsusurpatoren, die am einfachsten Anzugreifenden, weil das hat das Volk verstanden, Frau Rat! schon 1920 die Parole vorgegeben: Hier hilft kein Herumdoktern*, weg mit allen fremden Juden aus dem Osten! Beschränkung aller Lehrer, habe ich, rhetorisch brillant wie immer, postuliert, Frau Rat. Beschränkung aller Lehrer, die für die Kontaminierung unserer Universitäten verantwortlich sind, der sogenannten bodenständigen Lehrjuden, auf die ihnen nach dem Friedensvertrag zustehenden Rechte! Auf die ihnen nach ihren Köpfen gebührende Zahl!

Ihre ganzen ungeraden Seilschaften haben wir aufgemischt, die einzige Seilschaft, die übrigblieb, weit nach 1945 hinaus, war unsere schwarz- braune. Der Oberwirrkopf Schlick*, immer unvorsichtig und damit selbstverschuldet, hat sich 1936, dann schon mitten in unserem entschuldbaren Notstandsprojekt aus dem Spiel nehmen lassen. Mich freut ganz besonders, dass wir den nicht selbst erledigen haben müssen. Diese leidige Angelegenheit hat einer seiner Studentenwirrköpfe mit einer Faustfeuerwaffe recht kompetent aus der Welt geschafft. Ja, ja, Frau Rat, die Doktorväter werden geliebt, geliebt wie bisweilen die leiblichen.

Der Kelsen selbst hat schon früher das Handtuch geworfen. War wohl gekränkt. Mosaisches Selbstmitleid. 1930, da haben wir mit unserem entschuldbaren Notstandsprojekt noch gar nicht angefangen, ist er bereits verzogen. Nach Köln, dann nach Prag. Nirgendwo hat man ihn recht leiden mögen. Da können Sie sich nun selbst, Frau Rat, Ihren Reim darauf machen. Und schließlich, Sie wissen ja, Frau Rat, ich wiederhole mich, es hat halt immer ein wenig gejüdelt bei ihm, ist er endgültig nach Amerika verreist. Wird ihm halt die Ostküste eine Rutsche* gelegt haben.

Unlängst hab' ich ihn wiedergesehen, den Kelsen. Wie ich hergefahren bin zu Ihnen, Frau Rat, hat er aus einer U-Bahn-Zeitung gelacht. Korrekt gekleidet, schlichte Krawatte, ganz auf professoraler Staatsdiener getrimmt. Seine übliche Masche halt. Gleich neben einer leicht bekleideten Frau. Jahrhundertjurist, ist unter seinem Bild gestanden. Na, das habe ich gebraucht wie einen Kropf! Ich bin ja gar nicht zum Frühstücken gekommen, gleich nach der Exhumierung, mir ist richtig schlecht geworden.

Das einzige, was bei dem Kelsen an ein Jahrhundert erinnert, ist, dass er fast so lange gelebt hat. Ich habe schon geglaubt, der ist der Ahasver*. Ein Jud, der ewig auf dieser Erde wandelt. Bis in die 1970er-Jahre sollte ihm sein Jahwe* Aufschub gewähren. So lange hat er seinen Sermon von seinen heiligen Götzen, Demokratie und Rechtsstaat, zum Besten geben dürfen. Da sag ich mir, Frau Rat, Kanzler und Märtyrer, immerhin, ist der Kelsen nicht geworden. Das tröstet. Meine Karriere hier auf Erden war kurz, aber unübertroffen. Und heute sitze ich, in periodischen Abständen, exakt ausgemessen, es wollen ja alle Märtyrer mal drankommen, Frau Rat, zur Rechten des Herrn. Da braucht man auch keine fleischliche, unbekleidete Versuchung in der Nachbarschaft, im Übrigen.

Der Kompromiss

Aber, Frau Rat, anfänglich haben wir halt noch mitspielen müssen, in diesem mehr und mehr unwürdigen Schauspiel. Machen wir's halt, haben wir uns gesagt. Wir werden schon irgendwie mit dieser Verfassung zu Rande kommen, immer noch besser als die Bolschewisierung. Wir haben uns halt gedacht, wird schon nicht so heiß gegessen werden wie gekocht.

Wichtig ist nur, dass wir die Macht behalten. Solange wir die Kontrolle haben, haben viele von uns, alles Gerade selbstverständlich, gemeint, soll es uns recht sein. Und es hat auch gar nicht schlecht begonnen. 1920, bei den ersten Wahlen nach unserer neuen Verfassung, haben wir die Sozialdemokratie überholt und sind Erster geworden. Raus mit den Sozis aus der Regierung, ich hab den Eindruck gehabt, das war denen sogar nicht ganz unrecht. Die Traumtänzer haben wohl gehofft, dass sie irgendwann die absolute Mehrheit im Parlament bekommen, damit sie ihre Sozialprogramme eins zu eins durchdrücken können. War halt auch nicht weit her mit ihrem Realitätssinn, ebenso wie mit ihrer Kooperations- und Kompromissfähigkeit. Elftes Gebot: Du sollst dich nicht täuschen.

Wir haben uns dann halt mit den Deutschnationalen zusammengetan, machen wir eben einen Bürgerblock. Ich mein', wir, die richtigen Bürger, die erster oder meinetwegen zweiter Klasse; nicht die Holzklasse, die nicht. Naja, als Wähler allenfalls.

War auch oft nicht ganz leicht, aber die Deutschnationalen haben im Großen und Ganzen so getickt wie wir. Gerade ist eben gerade. Bis wir dann nicht mehr weiterkönnen haben und unser entschuldbares Notstandsprojekt aufsetzen haben müssen. Endlich allein in der Casa d' Austria!* Der ganze Druck weg, da weiß man endlich wieder, was Leben ist.

Zuvor haben wir aber, weil die Marxisten auf der Straße so angepresst haben, den Sozis, und vor allem ihrem Hanusch*, diesem weltfremden Sozialromantiker, kräftig nachgeben müssen. Achtstundentag und Achtundvierzigstundenwoche, ein paar Tage Urlaub, ein paar Tage Lohnfortzahlung im Krankenstand. Die Betriebsräte und die Kollektivverträge haben wir ins Gesetz schreiben müssen, da haben sie uns gar nicht getraut, dass wir die eh freiwillig zulassen. Solange wir halt wollen.

Dazu die Aufhebung des Streikverbots und die Abschaffung des Arbeitsbuches. Das Arbeitsbuch, Frau Rat, unverzichtbar für jeden Unternehmer, der seine Fürsorgepflicht ernst nimmt! Einfach weg. Da hat man nachschauen können, in so einem Arbeitsbuch, wie sich ein Vorsteliger, wenn er um seinen Posten gekrochen gekommen ist, bei früheren Dienstherrn so aufgeführt hat. Ob's nicht gar ein Aufwiegler und Hetzer, ein Betriebsrat oder Gewerkschafter war. Da war man noch informiert, bevor man den Dienstboten Arbeit und Brot geschenkt hat.

Alles in allem, Frau Rat, ein schöner Rucksack, den sie uns da umgeschnallt haben. Wer, Frau Rat, haben wir uns gefragt, kann sich so etwas leisten? Überall wollten sie jetzt mitbestimmen, die Arbeiter, das Proletariat, die Ungeraden. Ob sie nun eine Ahnung hatten von der gottgewollten Ordnung und einer ordentlichen Beschäftigungspolitik oder gar einer ordentlichen Bewirtschaftung des Staatshaushalts, oder nicht. Im Parlament sind sie gesessen, in den Betrieben sind sie ständig mit Vorschlägen und frechen Forderungen gekommen, sogar eine Arbeiterkammer haben wir uns gefallen lassen müssen. Und wie erwartet, haben sie uns mit Papierln eingedeckt. Was die nicht alles noch haben wollten, für die Arbeiter, das Allermeiste aus diesem Papierhaufen gerade gut genug für den Rundordner. Und einen Rechtsschutz hat's jetzt auf einmal auch gegeben, wenn einer angeblich schlecht behandelt worden ist auf seinem Arbeitsplatz. Und wenn sich unsere Leut' nicht erpressen haben lassen, sind sie vor Gericht gezogen, die Dienstboten, mit ihrer Arbeiterkammer!

Das war schon sehr mühsam, Frau Rat, für unsere braven, gottes-fürchtig arbeitsplatzschaffenden Unternehmer und Bauern, immer reden müssen, nix mehr allein entscheiden können, immer faule Kompromisse und Packeln*. Da haben viele von uns die Geduld verloren und sich gesagt, jetzt müssen wir aufräumen mit den fragwürdigen Hinterlassenschaften des Umsturzes von 1918, dem ganzen Ballast, den sie uns wie einen Stein um den Hals gehängt haben. Weg mit dem revolutionären Schutt!

Die Öffentlichkeitsarbeit

Und freilich war auch die Sicherheitslage recht bedenklich, ist viel gestohlen worden, in dieser elenden Zeit. Werden Sie heute ja auch noch den einen oder anderen Hendldieb hängen, Frau Rat! Nur ein kleiner Scherz, weiß ich eh, die hängen sie nicht, auch nicht heutzutage. Haben nicht einmal wir dürfen, damals. Weil sie angeblich Hunger gehabt haben, haben sie das siebente Gebot einfach sträflich ignoriert, die Habenichtse. Flurfrevel. Die waren schlimmer als die Raben. Da haben wir uns schützen müssen, da haben wir Heimwehren gebraucht. Christlichsoziale, deutschnationale. Was soll ich Ihnen sagen, Frau Rat, brave und tüchtige Leute! Mit Waffen, Werten und Idealen. Menschen eben, Gerade. Die haben auch alle nicht verstanden, dass wir den Krieg verloren haben. Mit denen sind wir dann auch auf die Straße gezogen, ein bisserl in die Öffentlichkeit halt, damit wir zeigen, damit wir demonstrieren und manifestieren, dass mit uns nicht zu spaßen ist.

Und, unter Waffen zu setzen, waren sie auch, unsere geraden Mannen. Man kann ja jederzeit angegriffen werden. Vor allem von den Ungeraden. Mit der Demokratie habens' halt nicht so viel Freud' gehabt, unsere Krieger, die waren noch skeptischer als unsere christlichsozialen und konservativen Politiker. Wir, und ich darf mich, ein kleiner Funktionär damals, aber immerhin, auch dazu zählen, waren da eher lauwarm. Ein bisserl verweichlicht schon, durch das ständige Kompromissln, in den Parlamenten und Landstuben und Gemeindestuben, und was es da alles noch so gegeben hat.

Für unsere Frontkämpferführer, unsere Heimwehrführer, war eine strenge Führung da schon zielführender als gleichmacherisches Chaos. Nicht nur beim Marschieren. Ich selbst, ich hab's erwähnt und geb's zu, Frau Rat, war ja zu diesen Heimwehrführern immer ein wenig auf Distanz. Aber schlussendlich waren wir alle eine Familie, nicht nur unsere Partei, die christlichsoziale, mit den christlichsozialen Heimwehren, sondern freilich auch immer mit dabei die Nationalen.

Und später, als wir gemerkt haben, wie schwach die Sozis eigentlich sind, haben wir uns das, was wir immer im Herzen gefühlt haben, auch feierlich schwören dürfen. 1930 in Korneuburg sind wir aufmarschiert, ich glaub', wohl tausend Mann hoch, oder noch mehr. Und haben unsere Parolen, unser Programm, opferbereit und selbstlos, der Zukunft unseres geliebten Vaterlandes geschenkt: Weg mit der Gewaltenteilung der demokratischen Verfassung! Weg mit der Trennung von Legislative, Exekutive und Judikative!

Sie kennen das doch, Frau Rat, Sie sind ja vom Fach. Warum etwas trennen, was so untrennbar zusammengehört? Und wie geschwollen das überhaupt klingt, versteht doch kein Mann auf der Straße. *Legiswas?* Endlich weg mit dem Zinnober. Verwaltungs- reform sozusagen, da sind wertvolle Ressourcen zu heben. Und nicht nur finanzielle. Ihr abgehalfteter Innenminister, Frau Rat, heute schon erwähnt, gescheiter und tüchtiger Mann im Übrigen, großes Entwicklungspotenzial, hat sich ja bereits und völlig zu Recht über den gewaltentrennungsbedingten Mangel notwendiger Gestaltungsspielräume bitter beklagt.

Und anstelle dieser seltsamen, fremdländischen, lateinischen Begriffe der vermaledeiten Aufklärung haben wir, weil wir, Frau Rat, immer für Reformen, drei neue Gewalten eingesetzt: den Gottesglauben, unseren eigenen harten Willen und das Wort der Führer. Und den westlichen demokratischen Parlamentarismus verwerfen wir, hat sie uns geschworen, unsere tapfere Vorhut.

Ein bisserl pathetisch ist mir das damals schon noch vorge- kommen, geb' ich zu, und auch ein wenig unvorsichtig, weil das ist gerade im gutmenschlichen Westen bei den Hardcore-Demokra- ten nicht wirklich gut angekommen. Da haben wir ja schließlich noch nicht wissen können, ob wir auf Paris, London und andere Quatschbudenfanatiker nicht doch endgültig verzichten können. Unsere Heimordnungsschützer haben halt einfach gsagt, was sie sich schon immer gedacht haben.

Und im eigenen Stall? Hier in unserer neumodischen Repu- blik, im bröckelnden Schuppen der Dekadenz, im Land der untergehenden Sonne? Da haben sie sich natürlich aufpudeln müssen, die Bedenkenträger! Die Ungeraden. Allen voran die Sozis, aber auch die undankbaren Renegaten in den eigenen Reihen. Aber, Frau Rat, was soll's? Immerhin hatten wir da noch Meinungsfreiheit. Und die wird man ja wohl noch nützen dürfen, in einer Demokratie, oder Frau Rat?

Und wohin die *Political Correctness*, der Meinungs- und Gesinnungsterror, so führt, sehen Sie ja heute in Ihrem Retrosystem, Frau Rat. Zeichnet einer inhaltlich durchaus stimmig einen ausgefressenen Heuschrecken-Banker mit ein paar kleinen, kaum erkennbaren und damit auch nicht erwähnenswerten Davidsternen am Ärmel oder fadisiert sich samstags ein Nachwuchspoet ein wenig und gibt seinem lyrischen Drang in der milden Nachmittagssonne auf der Terrasse seines Einfamilienhauses, mit einem entwaffnend treffenden Rattengedicht, nach, gibt's gleich einen politischen Bahö*.

Und ja genau, die Sozis, was machen jetzt die, in Anbetracht dieser so erfolgversprechenden Rutsche hinein in eine autoritäre Hegemonie, die sich gewaschen hat, die wir aber eigentlich schon hatten, bevor sie uns die Heimwehren zum Geschenk darbrachten? Statt dass sie in sich gehen, die Sozis, und sich unseren ideal- und werteverpflichteten Heimwehren anschließen, müssen sie kindlich-trotzig und spiegelgleich ihre eigenen Zinnsoldaten aufstellen. Republikanischer Schutzbund. Der wär' notwendig, haben die Sozis behauptet, weil Demokratie und Rechtsstaat verteidigt werden müssten. Ich hab' ja immer gesagt, Frau Rat, eine Demokratie, die militärisch verteidigt werden muss, ist keine Demokratie. Ein Demokrat greift nicht zu den Waffen, sondern ein wahrer Demokrat, der etwas von sich hält, überzeugt die Menschen!

Das war jetzt natürlich hochgefährlich, Frau Rat, diese Situation, in die uns die Ungeraden gebracht haben. Unverantwortlich geradezu, von den Sozialdemokraten. Zwei bewaffnete Privatarmeen, unterschiedliche Interessen, Hass bis aufs Blut, das kann nicht gut gehen. Zusammenstöße, Prügeleien, immer wieder mal ein Toter. Mit dieser Verantwortung, Frau Rat, müssen die Sozis leben.

Sicher, ein Gewaltmonopol des Staates wär' schon möglich gewesen, wir hatten ja die Mehrheit im Parlament. Aber, wenn wir das umsetzen, haben wir messerscharf geschlossen, trifft's auch die Unsrigen. Unsere Kameraden, unsere Parteispezis. Und wir haben ja viel mehr Waffen gehabt als die anderen, vor denen wir uns so gefürchtet haben. Von der Qualität gar nicht zu reden. Die Italiener haben uns zwar Südtirol abgenommen, aber unsere widerständigen Mander haben sie waffentechnisch ebenso wie ideologisch-geistig nie im Stich gelassen. Gewalt- und Waffenmonopol des Staates? Na, Frau Rat, das wär' wahrlich ein schlechtes Geschäft gewesen. Sicher, wir hätten ja auch nur den Schutzbund entwaffnen können. Da hätt's allerdings Remmidemmi gegeben. Da hättens' protestiert, auf der Straße, im Parlament. Die Gerichte angerufen, hinauf bis zum Verfassungsgericht. Gleichheitswidrig, hätten sie womöglich noch behauptet, in ihrer Kohlhaas*-Verblendung.

Wär' heikel gewesen, so ein Schutzbundwaffenverbot. Legistisch und judiziell waren die Handlungsspielräume eben leider noch recht begrenzt. Später dann, 1933, in unserem entschuldbaren Notstandsprojekt, haben wir uns dann gleich leichter getan. Schutzbund und seine Waffen illegal, unsere Heimwehren und Waffen legal. Endlich konnten wir die in einem gerechten, gleichheitsorientierten Staat so notwendige Differenzierung vornehmen: Freund und Feind. Gleiches ist gleich, Ungleiches ist ungleich zu behandeln, da hat sogar einmal unser famoses Verfassungsgericht etwas halbwegs Gescheites von sich gegeben.

Sie sehen schon, Frau Rat, wie immer dringender, ja flehentlicher das Volk den Ruf erhoben hat, in diesen unsicheren und explosiven Zeiten, ihm die viele Angst und die große Not etwas zu mildern oder gar gänzlich zu nehmen. Höchste Zeit also für unser entschuldbares Notstandsprojekt. Diese enormen Probleme, mit denen wir uns da herumschlagen mussten, hätte ja eine Demokratie gar nicht bewältigen können. Da muss man, in so einer Demokratie, immer auch auf andere Rücksicht nehmen. Zumindest also zwei Seiten hören. Doppelter Ressourcenverbrauch. Und da red' ich noch gar nicht von Pluralismus. Den kann überhaupt nur der Teufel erfunden haben. Hätt' er die Nerven, der Teufel, auch gleich dazu miterfinden sollen.

In der Retrospektive, Frau Rat, sehe ich das klarer, als ich das am Beginn der Republik gesehen habe. So glasklar wie dann später, in unserem entschuldbaren Notstandsprojekt: Die Heimwehr hat das Land so bitter nötig gehabt wie die Todesstrafe, die wir später, quasi als institutionalisierte Notwehr, auch wieder aktivieren haben müssen. Da habens' dann wieder was dahergesempert, im Übrigen, die demokratischen Gutmenschen, Frau Rat: Die Abschaffung der Todesstrafe wäre seinerzeit ein Kulturgut gewesen, da müsse die Republik stolz darauf sein. Da kriegt man ja Ohrensausen.

Der Seitz

Und laufend staatsfeindliche Anfeindungen, staatsfeindliche Anwürfe, staatsfeindliche Übergriffe. Von den Sozis, selbstredend. Da haben wir ein Flugblatt sichergestellt, von irgend so einer marxistischen Splittergruppe, da ist oben gestanden: *Demokratie, das ist nicht viel, Sozialismus ist das Ziel!* Und 1926 haben sie, die Speerspitze der Ungeraden, in ihr Parteiprogramm zwar gerade noch hineingeschrieben, dass sie zur Demokratie stehen. Für den Fall aber, dass wir die Demokratie eliminieren wollten, würden sie selbst die Diktatur des Proletariats errichten. Na, da haben wir es ja, Frau Rat! Wenn wir also, sieben Jahre später, es braucht ja Zeit, so einen perfiden Anschlag auf unsere Demokratie zu verdauen, nicht unsere eigene Diktatur, flott und zügig, durchgezogen hätten, hätten sie, die Sozis, ja selbst ihre Diktatur errichtet! Weil wir's eben gerade gemacht haben. Ist doch logisch. Wen wundert's da, dass wir besorgt waren, sehr besorgt.

Und 1932, da hat sich dann der Bürgermeister von Wien, der Karl Seitz, endgültig geoutet. Da ist er mir ins Messer gelaufen. Sie müssen wissen, Frau Rat, im Mai 1932 bin ich Bundeskanzler geworden. Was für eine schwierige, nahezu unlösbare Aufgabe!

Wirtschaftskrise, hohe Arbeitslosigkeit, und die Demokratie noch mühsamer, als sie früher ohnehin schon war. Im Nationalrat habe ich mit meinen Christlichsozialen, dem Heimatblock, also unseren Heimwehren, und dem Landbund, wenn Sie mich fragen, eine reine Nazipartei, nur eine Stimme Überhang gehabt. Wenn da einer von den Unsrigen mit Durchfall am Klo gesessen ist, haben wir uns unsere Gesetzesvorhaben aufselchen* können.

Und da ist unserem vortrefflichen Sektionschef im Innenministerium, dem Hecht*, fast hätte mich das zu einem Wortspiel verführt, Frau Rat, unser Hecht im Karpfenteich, die Lösung all unserer Probleme eingefallen. Ja, der Hecht, das war schon ein ganz Ausgefuchster, untadeliges josefinisches Beamtenethos. Strikt objektiv. Also für uns. Der hat herausgefunden, dass sich das Kriegswirtschaftliche Ermächtigungsgesetz logistisch aus der Monarchie herübergeschummelt hat, in die Republik. Tolle Sache. Da kann man gesetzesgleiche Verordnungen als Regierung selbst machen, ohne Parlament, ohne langwierige Debatten, ohne durchfallgefährdete Mehrheiten, ohne faule Kompromisse.

Voraussetzung: durch den Kriegszustand verursachte außerordentliche Verhältnisse, die dringende Verfügungen auf wirtschaftlichem Gebiete notwendig machen. Das Parlament hätte dann nachträglich nur diese Verfügungen absegnen müssen. Freilich, Frau Rat, ich weiß schon, was Sie denken. Überhaupt, Sie kommen mir schon ein wenig kopflastig vor, wenn ich mir diese persönliche Bemerkung erlauben darf. Dann verschiebt sich das alles ja nur zeitlich, dann geht alles wieder von vorne los. Ein Aufschub vielleicht, aber irgendwann braucht man das Parlament. Und das ist der Punkt. Das war ja der Hauptgrund, dass wir dann den Parlamentarismus überhaupt abschaffen und unser ganzes Kartenblatt auf unser entschuldbares Notstandsprojekt setzen haben müssen.

Nicht ganz ohne Schönheitsfehler, Frau Rat, dieses juristische Konstrukt, geb' ich zu. Krieg war ja eigentlich nimmer, also dieses gesetzliche Tatbestandselement vielleicht nicht ganz idealtypisch erfüllt. Da kann man schon diskutieren, unter uns Juristen. Aber, gebe ich auch zu bedenken, ein bisserl ein Krieg war's ja immer noch: gegen die Aufklärung, gegen die Moderne, gegen den Sozialismus. So gesehen hat's ja doch gepasst.

Ja also der Seitz, ich weiche ab, Frau Rat. Immer hat der Sorgen gehabt, der Herr Bürgermeister. Immer war er hypersensibilisiert. Ein Nerverl halt. Nur weil der Heimwehrführer Pfrimer* ein Jahr zuvor auf Wien marschiert ist, um der Demokratie endgültig den Garaus zu machen. Und vor allem, weil er, der Seitz, unser Vorhaben, zum Wohle des Landes ein wenig rechtskreativ mit dem Ermächtigungsgesetz zu experimentieren, skeptisch gesehen hat. Besorgt sei er, hat er gemeint, besorgt.

Überhaupt der Seitz, Frau Rat, und sein rotes Wien. Rotes Tuch würde unsere Gefühlslage eher beschreiben. Eine einzige Provokation für unsere solide Politik im Bund. Unsere braven Leute mit den Fabriken und Zinshäusern, die schon oft vor Jahrhunderten ihr Vermögen redlich erworben, dann vermehrt und bis heute so sparsam verwaltet haben, hat der Finanzstadtrat Breitner* mit seinen Steuern abkassiert. Für Spitäler, Kindergärten, Bildung. Wohnburgen mit Küche, Bad und Klo. Arbeiterwohnheime. Luxus pur, dass ich nicht lache, da werden unsere Produktionskräfte ja völlig verweichlicht und verdorben, ja geradezu hoffärtig. Wie hat, wie ich mich erinnere, eine unserer Herzdamen, eine First Lady unserer Eliten, in ihrer Anteilnahme und Sorge, in ihrem fürsorglichen Verantwortungsgefühl für das gemeine Volk einmal so treffend gemeint? Solange die in den Tragerln auf ihren Balkonen Gladiolen statt Kartoffeln anbauen, geht's ihnen noch viel zu gut.

Der Seitz ist also nervös, und da sagt er, die Demokratie ist für ihn nicht das Endziel. Verschlagen, wie sie nun einmal sind, haben die Sozis später dann behauptet, der Sozialismus sei deshalb kein Endziel, weil wir die Demokratie ja schon hätten. Noch! hätte ich fast, auch die Ironie, Frau Rat, ist mir nicht gänzlich fremd, hinzugefügt. Aber man soll sich von solchen bloßen Schutzbehauptungen verkappter Revolutionäre und Umstürzler nicht täuschen lassen. Mit uns jedenfalls nicht! Jetzt haben wir es endlich schwarz auf weiß gehabt, jetzt steht die Diktatur des Proletariats unmittelbar bevor! Jetzt machen sie die Rätediktatur, die Sozis, die sie schon 1918, mit überwältigendem Mehrheitsbeschluss in ihren Gremien, partout nicht wollten. Konkreter, Frau Rat, kann man Vorbereitungen für einen Staatsstreich nicht treffen! Endlich hatten wir den Beweis, die rauchende Pistole! Sonst waren sie ja immer hinterhältig und verschlagen genug, uns mit ihrem Demokratiegesäusel einzulullen. Schwarz auf weiß ist es nun aber gestanden, im Nationalratsprotokoll.

Wie gut nun, dass wir mit unseren ersten kriegswirtschaftlichen Verordnungen auch juristisch bestens auf diese höchst gefährliche Situation vorbereitet waren. Jetzt war nur noch die Gangart etwas zu verschärfen, wollten wir nicht riskieren, dass sie uns zuvorkommen, die Sozis. Es drohte, völlig klar ersichtlich, ein unmittelbarer, nie wieder gutzumachender Schaden für unser schönes Österreich. Wir hatten keine Wahl, keine Alternative! Alle Wege, friedlich, mit Kompromiss und Ausgleich, für das Land weiter zu arbeiten, haben uns die Sozis, Liberalen und anderen ungeraden Politdesperados abgeschnitten. Was, Frau Rat, blieb uns anderes übrig, als …? Ja, Sie haben es freilich erraten: Unser entschuldbares Notstandsprojekt! Ich habe daher zum Seitz hinübergeblickt, im Parlament, süffisant lächelnd, wie ich mich erinnere, und angemerkt: Sehr aufschluss-reich, Herr Bürgermeister.

Und überhaupt, Frau Rat: Jetzt sinds' schon Sozialisten, was schon unanständig genug ist, und dann wollen sie auch noch den Sozialismus! Dieser ideologische Wahn, vielfach pathologisch verfestigt in den Reihen der Ungeraden, hat sich bis zum Kreisky herauf gehalten. Den hätten wir nach seinem Schauprozess 1936 auch rechtsstaatlich *lege artis* justifizieren* sollen. Der Staatsanwalt hat da überaus ambitionierte Ansätze gezeigt. Ist uns aber geschlupft, der Kreisky. Schade, aber man weiß ja nie im Vorhinein, wer bei den Ungeraden in der Zukunft so aufkommen wird. Damals hätten wir noch die Gelegenheit gehabt, unserem schönen Land die Schul-denpolitik der nachfolgenden Systemzeit in den Siebzigerjahren, auch Ihnen persönlich, Frau Rat, Sie zahlen ja heute noch dafür, zu ersparen. Ein bedauerliches Versäumnis, fürwahr. Tut uns heute noch leid, aber ab und zu haben selbst wir versagt.

Ein Wort noch, Frau Rat, wenn's mir gestattet ist, zum Seitz. Irgendwie hab' ich den knorrigen Alten auch gemocht. Der war gar nicht unsympathisch. Wie auch der eine oder andere Sozi. Oder auch der eine oder andere Liberale. Eine sentimentale Schwäche von mir, wenn Sie so wollen. Da ist man auch schon einmal miteinander essen gegangen, hat geplaudert, sich ein wenig ausgetauscht. Wie wir den Seitz dann verhaftet haben, im Februar 1934 im Rathaus, haben wir ihn im Verhör, bevor wir ihn mangels Beweise nur ein paar Monate in Haft nehmen haben können, bloß ein paar wenige Ohrfeigen angetragen. Ich bitte Sie, Frau Rat. Der Mann war gerade eben noch Bürgermeister unserer Bundeshauptstadt. Das verdient Respekt!

Und das Beispiel Seitz zeigt einmal mehr, dass in der Politik keine Dankbarkeit zu erwarten ist. Selbst dann nicht, wenn diese Politik so menschenfreundlich und volksnah gestaltet ist wie die unsrige. Nach seiner Haftentlassung ist der Seitz spazieren gegangen. Einfach spazieren. Ist geschlendert durch die Innenstadt, grad so, als ob das noch immer sein Wien wäre. Hin und wieder hat er mit einem gesprochen, wahrscheinlich auch so ein beschäftigungsloser Schöngeist, so ein tagträumender Leichtfuß wie er, hin und wieder auch einmal alleine oder gar in Gesellschaft, sich auf ein Bankerl gesetzt. Hin und wieder sind ein paar Leute ein Stück des Weges mit ihm gegangen. Gesagt hat er nichts, der Seitz. Ich mein, nachweisbar. Vor allem nicht, was ihm nicht passt. Aber alle haben gewusst: Jetzt protestiert er, jetzt demonstriert er, der Seitz. Gegen unser Notstandsprojekt. Eine ungeheure Impertinenz.

Und jetzt dumm, Frau Rat, wir waren nur autoritär. Wären wir totalitär gewesen, wie unsere Brüder im Reich, hätten wir ihn gleich verfrachtet ins Konzentrationslager. Wegen Heimtücke. Wir aber, in unserer edlen Selbstbeschränkung, konnten da nur zuschauen. So war er eben der Seitz, hat unsere Gutmütigkeit missbraucht. Perfider, hinterfotziger geht es wohl nicht.

Die Notwehr

Schon einige Jahre zuvor hatte uns allerdings diese, jederzeit umsturzbereite, bis an die Zähne bewaffnete Sozialdemokratie, unsere hehre Illusion einer stabilen Demokratie gründlich verdorben. Bei der letzten demokratischen Bundeswahl 1930 ist sie stimmenstärkste Partei geworden, zweiundvierzig Prozent der Stimmen haben sie erreicht. Und wer zweiundvierzig Prozent bekommt, haben wir uns gesagt, kann irgendwann einmal auch fünfzig Prozent bekommen. Dann wären wir endgültig weg gewesen vom Fenster, es waren ja nicht nur die Sozis allein, Frau Rat. Zweifrontenkrieg. Die Nazis haben uns bei den nachfolgenden Regionalwahlen ja von rechts auch noch angeknabbert. Was soll, frag ich Sie, Frau Rat, eine Demokratie für einen Zweck haben, wenn wir nicht mehr mehrheitsfähig sind? Das Land versinkt ins Chaos, der Schaden ist evident. Mit einer absoluten Mehrheit machen die Sozis, was sie wollen. Dann haben wir plötzlich auch in unseren Kernländern Niederösterreich, Tirol, womöglich sogar in der allertreuesten Steiermark, ein Klo in jeder noch so kleinen Wohnung.

Unser entschuldbares Notstandsprojekt ist also förmlich in der Luft gelegen. Alternativlos, wie gesagt. Notstandsbedingte Notwehr. Jetzt, Frau Rat, hat nur noch ein unmittelbarer Anlass gefehlt. Und im März 1933 tritt der Renner als erster Präsident des Nationalrates zurück. Der Depp*, was haben wir gelacht, Frau Rat. Später hätten wir ihm fast dafür einen Orden verliehen, vielleicht einen goldenen Stahlhelm mit Stern. Aber der Starhemberg*, unser Türkenkämpfer, war immer auch schon ein Klassenkämpfer. Der hat diese Handreiche der Versöhnung, dieses Zeichen einer freundschaftlichen Verbundenheit, die man sogar mit einem entmachteten Sozi leben kann, wenn er schon einmal etwas Gescheites macht, harsch unterbunden.

Zurückgetreten ist der Renner, um unsere gerechte Strafe für streikende Eisenbahner mit seiner Stimme zu verhindern. Entlassungen, Bezügekürzungen, da haben wir für diese aufmüpfige

Partie schon ein schönes Repertoire vorgesehen. Na, Frau Rat, treten also die anderen beiden Präsidenten, der christlichsoziale und der deutschnationale, auch zurück. Endlich haben sie nicht mehr weitergewusst, waren mit ihrem Latein am Ende, die ganze hanswurstende Bagage. So sind diese Quassler aus ihrer völlig verzichtbaren Quatschbude einfach nach Hause gegangen. Bauernschnapsen oder im Freien grillen, warum auch nicht, das Wetter ist ja schon wieder ein wenig milder geworden.

Da hab' ich mir gedacht, jetzt musst du streng sein, Kanzler. Und dann habe ich gesagt: Wenn's nimmer wollen, die Sozis, und alle anderen unbotmäßigen Dienstverweigerer auch nicht, soll uns das recht sein. Ein paar Wochen später, wolltens' dann wieder zusammentreten, haben sogar behauptet, das wär nach ihrer Geschäftsordnung ohne weiteres möglich. Aber da hab' ich ihnen einen Strich durch die Rechnung gemacht, ganz kühl und überlegt. Und vor allem sachlich. Ruckezuck das Parlament mit Exekutivkräften, das Heer in Bereitschaft, abgesperrt, die Eingänge zusätzlich noch von Geheimpolizei überwacht. Selbstausschaltung ist Selbstausschaltung, da gibt's keine Würscht.

Was war ich erleichtert, schon einige Tage zuvor, meinen Freunden in unseren, wohl nur durch unmittelbares Eingreifen des Himmels mittels eines mental unterbelichteten Sendbotens* geretteten Gremien die Frohbotschaft verkünden zu dürfen: Der liebe Gott hat uns durch die Dummheit des Renner noch einmal eine Gelegenheit geschenkt, um Österreich, die Partei und unsere Idee zu retten.

Als nächstes haben wir uns die Bürgerrechte vorgenommen, die haben wir ein wenig adjustieren und auf die neue, noch nicht ganz übersichtliche, jedenfalls aber zu entschuldigende Notstandssituation ausrichten müssen. Aber immer eine heikle Sache, diese Bürgerrechte, auch, ja gerade in einer aufstrebenden Diktatur. Die Grundrechte haben 1848 ja die Bürger errungen, weil sie gar so hart gedrückt waren von den adeligen Feudalherren. Recht auf persönliche Freiheit, Freiheit der Wissenschaft, Pressefreiheit, was weiß ich, was für alle Freiheiten, die wir 1920 in unsere Verfassung übergeleitet haben. Die haben jetzt für alle gegolten, ob einer nun etwas war oder nicht. Wissen S' eh, Frau Rat, wie das ist mit den Rechten, wenn die alle haben, hebt sich das gewissermaßen gegenseitig auf. Hat dann ja keiner wirklich etwas davon.

Und staatliche Willkür, von jenen die diese Rechte schützen sollen, muss man immer differenziert sehen. Nehmen wir an, die Sozis hätten regiert, dann hätten wir diese Grundrechte dringend gebraucht. Eine Soziwillkür, allein der Gedanke ist unerträglich. Mich schaudert's. Regieren aber wir, etwa völlig schuldlos hineingetrieben in ein entschuldbares Notstandsprojekt, braucht's das alles nicht. Da reicht eine weise, verantwortungsvolle Politik. Die unsere, selbstredend. So eine ist immer zu jedermanns Bestem.

Wie soll unser Vordenker Louis Veuillot*, der bereits früh erkannt hat, dass ein guter Katholik nur autoritär sein kann, zutreffend, für einen Franzosen an sich schon erstaunlich, gemeint haben: *Wenn die Liberalen an der Macht sind, fordern wir von ihnen Freiheit, denn dies ist ihr Prinzip; wenn wir an der Macht sind, werden wir sie ihnen verweigern, denn das ist unser Prinzip.*

Also haben wir die Grundrechte ein wenig reduziert, ein wenig gestrafft, das kann dem Rechtsstaat nur guttun. Übersichtlicher. Bitte, Frau Rat, Sie, heutzutage, sind in diesem leidigen Punkt ja überhaupt schwer beschädigt. Was da bei ihnen später dann noch alles dazugekommen ist, nach unserer Grundrechtsreform, an unnötigem Ballast! UNO-Menschenrechtscharta, Europäische Menschenrechtskonvention. Wenn Sie, Frau Rat, und Ihre Kollegen von den übrigen Strafverfolgungsbehörden da so eingeengt sind, fangens' ja keinen Hendldieb mehr. Na ja, mich vielleicht. Aber ich bin ein Justizopfer. Opfer Ihrer systembedingt selbstgerechten Willkür.

Wir jedenfalls haben sofort erkannt, dass Grundrechte laufend missbraucht werden, da waren wir ganz auf Linie Ihres bereits mehrfach erwähnten, hoffentlich nur vorübergehend verflossenen Innenministers*. Starker Mann im Übrigen, hab' ich das heute schon erwähnt? Ein wenig zurückhaltend sicherlich, noch, aber wird schon werden.

Angefangen bei unserem Gesetzesmüllbeseitigungsprozess haben wir also mit der Meinungsfreiheit. Zensur! Vor allem für die Lügenpresse vom Vorwärtsverlag*. Was die immer zusammengeschmiert haben, da ist es gar nicht schlecht, wenn einer noch einmal drüber schaut, bevor das dann wirklich veröffentlicht wird. Ist doch auch für die Redakteure peinlich, wenn da so viele Fehler drinnen sind. Und in einem entschuldbaren Notstandsprojekt muss man da besonders aufpassen, da kann einen jede Falschmeldung in Verruf bringen.

Dann natürlich, Frau Rat, der Verfassungsgerichtshof. Mit dem haben wir auch etwas machen müssen. Dringender Handlungsbedarf. Freilich, wir waren seit 1920 an der Regierung, da hat man sich auch rechtsinterpretatorisch schon ein bisschen helfen können. Vor allem wenn das Interpretationspersonal passt. In alle Gerichte haben wir nahezu ausschließlich unsere Leute gesetzt. Die allermeisten kann ich nur in höchsten Tönen loben. Verlässlich. Loyal. Aber wir waren immer umsichtig, vorsichtig beobachtend: Bleiben die auch so? Einschätzbar, berechenbar?

Immerhin, von der Verfassung her, was hab' ich diesen Kelsen oft verflucht, waren die ja an sich recht unabhängig: weisungsungebunden, unabsetzbar, unversetzbar. Da kann man schon auf dumme Gedanken kommen mit solchen Privilegien. Die Prognose wird unsicher. Hundertprozentig kann man sich im Vorhinein nie sicher sein, wie so ein Verfahren ausgehen wird. Und die Wiener Querulanten haben schon großmäulig angekündigt, unsere experimentellen Verordnungen, und dann auch noch die Ausschaltung des unnützen Parlamentes beim Verfassungsgerichtshof anzufechten.

Also guter Rat war teuer, Frau Rat. Haben wir halt unseren verlässlichsten Adoranten in dieser hermelintragenden Zunft ans Herz gelegt, tunlichst und ohne unnötigen Verzug zurückzutreten. Damit war das schöne und stolze Höchstgericht entscheidungsunfähig und, in unserem zukunftsorientierten Gewaltentrennungsmodell, reif für seine endgültige Beseitigung. Da sage ich mir heute noch, schließlich bin ich ja als juristischer Experte vom Fach, Chapeau!

Die Klassenkämpfer

Als nächstes haben wir uns die Arbeiterkammer vorgenommen, einen Ort der permanenten Sekkanterie. Auch hier, Frau Rat, höchst elegant gelöst. Bei der letzten Wahl 1926 hatten noch siebzig bis achtzig Prozent der Mitglieder die freien, also roten Gewerkschafter angekreuzt. Demokratiepolitisch untragbar, eine solche Übermacht. Mir ist schleierhaft, was die Leute so zusammenwählen, wenn sie übermütig werden. Dann stimmen sie gegen ihre eigenen Interessen, immer die gleiche Leier. In einer Wahlzelle, hab' ich immer gesagt, hat man Verantwortung. Und die ist, Frau Rat, in einem entschuldbaren Notstandsprojekt doch überschaubarer.

Flugs haben wir diese Dreiviertelmehrheit der Sozis auf ein Drittel zurückgestutzt, die restlichen zwei Drittel haben wir auf unsere bewährten, notstandsprojektsaffinen Gewerkschafter aufgeteilt. Die Heimwehrgewerkschaften waren ohnehin eine Bank. Und die Christgewerkschafter? Vertrauensvorschuss. Sicher waren wir bei denen nicht, ob sie uns nicht doch in den Rücken fallen werden, irgendwie ist ja jeder Gewerkschafter unberechenbar. Aber, zu unserer Freude, ja vielleicht auch Überraschung, haben sie sich dann ganz ausgezeichnet bewährt. Da hat's schlagartig ein Ende gehabt mit der Renitenz in der Arbeiterkammer. Und mit der Verschwendung der Zwangsbeiträge sowieso.

Denn schließlich ist ja eine Interessenpolitik wesentlich verlässlicher aufgesetzt, wenn sie von verantwortungsbewussten Funktionären getragen wird. Der Staud* etwa, der Präsident unserer so erfolgreichen Einheitsgewerkschaft, die wir dann später einzurichten hatten, ist dafür Beispiel und Vorbild. Ein loyaler Held der Arbeit, kann ich Ihnen sagen, Frau Rat, da kann man selbst als ehemaliger Bauernfunktionär nur Rosen streuen. Seine christbewegte Richtungsgewerkschaft hat ja auch früher immer schon ein bisserl eine finanzielle Unterstützung bekommen von uns, bisweilen aber auch von unseren braven, einer wahren Sozialpartnerschaft aufgeschlossenen, weil betriebsführerorientierten Unternehmern. Freilich, nicht ganz so viel wie die gelben Heimwehrgewerkschafter, die waren halt Hundertprozentige, da kann und muss man großzügiger sein. Denn wenn man die Wahl hat zwischen Schmied und Schmiedl, Sie kennen das sicher, Frau Rat, dann haben wir uns nahezu immer für die höhere Kompetenz entschieden. Leistung muss sich eben lohnen.

Wie auch immer, wenn man richtig investiert, in die richtigen Leute und die hellsten Köpfe, wird auch die soziale Dynamik berechenbarer. Endlich haben alle am gleichen Strang gezogen, Wirtschaftsfunktionäre, Gewerkschaftsfunktionäre, Regierung. Die geeinte Gewerkschaftsbewegung war uns dann unendlich tatkräftig und verdienstvoll, bei gewiss leidvollen, aber leider notstandsbedingten und damit unausweichlichen Sozialabbauprojekten in der Wirtschaftskrise behilflich. In schweren Zeiten müssen eben alle ihre Opferlämmer an die Altäre schaffen.

Die roten Bonzen waren also weg. Haben sich ohnehin nur selbst vertreten, und auch selbst versorgt, ist ja heute, Frau Rat, nicht anders. Na, vielleicht wird ja doch wieder einmal die Lage für unsere braven Arbeiter besser und annehmbarer. Ihre Sozialministerin* unlängst, Frau Rat, na, die ist bedauerlicherweise auch schon wieder Geschichte in Ihrer schnelllebigen Zeit, hat da durchaus für etwas Hoffnung auf ihrem heutigen, eher tristen Arbeitsmarkt gesorgt. Freilich, ideologisch scheint mir die Dame, charmant, charmant, noch nicht gänzlich gefestigt. Über die verlotterte Demokratie hat sie zu meinem Bedauern noch kein Wort verloren. Aber vielleicht sollte man ihr das nicht nachtragen. Wenn man etwas bekämpfen will, muss man zuvor verstehen, was das ist. Alles in allem jedoch, bemerkenswert stimmige Ansätze, die gute Frau. Ich sage nur zwei Worte: Funktionärsmilliarde und Sozialversicherung. Endlich wird gespart, das versteht jede burgenländische Hausfrau, die sich's ja auch einteilen muss.

Und wie jede Reform, jeder Jahrhundertwurf: Zum Wohle der Patienten. Immer zum Wohle der Patienten. Ausschließlich und exklusiv, zum Wohle der Patienten. Man muss ja nicht gleich wegen jedem Wehwehchen zum Arzt laufen und die Arbeit schwänzen. Kostet nicht nur der Krankenkasse viel Geld, sondern zuweilen auch den Arbeitsplatz. Und wenn die Verwaltung nach so einer Millenniumsreform pekuniär ein wenig aufwändiger sein mag, man spart immerhin eine Menge Versicherungsfunktionäre. Vor allem jene der Arbeitnehmer. Wo kämen wir denn da hin, Frau Rat, wenn diejenigen, die ihre Beiträge erarbeiten, auch über ihre Versicherungsleistungen entscheiden wollten? Wo bliebe denn da die Gewaltenteilung?

Und dann der, viel zu lange, viel zu lange, Frau Rat, nicht mehr gehörte Vorschlag, wieder von dieser schneidigen Ministerin, zuweilen gefallen selbst mir die Weiber in der Politik!, Vaganten und andere Herumlungerer in die Arbeitspflicht zu nehmen. Besonders jene, die hier landfremd sind. Immer schon meine Rede gewesen, Frau Rat. Da sieht man wieder, ewig gestrige und damit jahrhundertelang bewährte soziale Gestaltungsinstrumente bleiben doch ewig jung. Ein gut geführtes Sozialressort muss vor allem die Anständigen und Tüchtigen vor der Ausbeutung bewahren. Weil die, Frau Rat, kosten dann auch nichts. Und die Autochthonen, freilich, die immer zuerst. Jene, die immer schon hier waren. Vaterländisch vor asozial. Aber leider, wie gesagt, auch schon wieder passé, unsere unlängst so hoffnungsfroh, aber nur eher kurzatmig zwischengestartete Regierung, ebenso wie diese wahre, nach eineinhalb Jahren nunmehr bereits *Elder Stateswoman*.

Andererseits kann man dieser Entwicklung auch positive Aspekte abgewinnen. Die Regierungen aktuell, hab' ich mich briefen lassen, wechseln wie in den Zeiten unmittelbar vor unserem Notstandsprojekt, Anfang der Dreißigerjahre, als wir das Licht am Ende des Dunkels schon gesehen haben und das baldige Hinscheiden der morbiden Demokratie zum Greifen nahe war. Ich erinnere mich an fünf Kabinette in nur zwei Jahren, 1929 und

1930. 2017 bis 2019, in Ihrer heutigen Zeit des Umbruchs, wollen wir hoffen, also in ebenfalls etwa zwei Jahren, immerhin vier. Das gibt Zuversicht, Frau Rat. Mir scheint's, jetzt geht's bei Ihnen endlich auch wieder mal nach oben.

Mir ist ja zugetragen worden, Frau Rat, dass eine Kollegin von Ihnen mit so einem Bonzengfrast verheiratet sein soll. Ja, frag ich mich da schon etwas ratlos, gibt es die gute alte Verlässlichkeitsprüfung in der Rechtsprechung nicht mehr? Sippenhaftung überhaupt abgeschafft? So einen Schlendrian* hätten wir gewiss nicht durchgehen lassen. Aber, richten Sie der Dame bitte mein Beileid aus, unbekannterweise. Für so einen heiklen Fall hätten wir in unserem entschuldbaren Notstandsprojekt ein probates Problemlösungsmodell angeboten: Scheidung von Tisch und Bett. Vom Heiligen Stuhl abgesegnet, das Seelenheil ebenso gesichert wie die unbeanstandete Teilnahme an der heiligen Kommunion. Und, man kann sich dennoch von einer solch angetrauten Peinlichkeit ausreichend distanzieren.

Angeblich soll diese Peinlichkeit nicht nur rot, sondern auch noch liberal sein. Doppeltes Staatsrisiko, also. Nähere Details kann ich allerdings nicht berichten. Auch, ob es sich da nicht gar und überdies um einen Mosaischen handeln könnte, ein versprengtes Überbleibsel aus der Hitlerschen Endreinigung, entzieht sich meiner konkreten Kenntnis. Angeblich soll er unlängst mit einer freiwillig aufgesetzten, allerdings eher ungeschickt am Haupt befestigten Kippa* in einer Synagoge gesichtet worden sein.

Das Mittelalter

Aber, so ein entschuldbares Notstandsprojekt, Frau Rat, braucht selbstverständlich auch eine ideologische, eine grundsolide Basis. Ein starkes, unüberwindliches weltanschauliches Fundament. Und da hab' ich mich hingestellt, und dann stand ich da, und ich konnte nicht anders, am elften September 1933, auf dem Trabrennplatz. Und dort habe ich den nach Hoffnung dürstenden Menschen in einer fulminanten Rede dargelegt, welch großartige Zukunft ihrer harrt.

Tausende und Abertausende sind angepilgert, ein Menschenmeer, nur um mich zu hören, mich, einen der ihren. Na ja, Frau Rat, einer, der einer der ihren sein könnte, wenn er wollte. Jedenfalls einer, der über sich selbst und sie, die Tausenden und Abertausenden, hinausgewachsen ist. Ihr Heilsbringer.

Neben mir die Herren Fey und Starhemberg*, meine treusten Freunde, meine treusten Feinde von der Heimwehr, beides mag stimmen, die mir mit ernsten, eidesbewegten Mienen versichert hatten, jetzt keine Hackeln* mehr ins Kreuz zu schmeißen. Unsere Kruckenkreuze haben geflattert im Wind, diese urchristlichen Symbole, die schon in der Steinzeit das noch unchristliche Menschengeschlecht dessen kommende Erhöhung in Christo erahnen haben lassen. Ein für immer zu ehrendes Vermächtnis unseres unsterblichen Prälaten Ignaz Seipel*, meines Vorbilds, meines Idols, meines gütigen politischen Ziehvaters. Nur wenige Monate zuvor hatten wir ihn bestatten müssen, den Ignaz, diesen allergrößten der großen Staatslenker. In seiner Größe möglicherweise allerdings nach mir, Engelbert Dollfuß, wie die Geschichte gewiss noch weisen wird. Auf das formschöne Design unserer Krucken, Frau Rat, darf ich Sie mit aller Bescheidenheit hinweisen, Sie sind gewiss auch Ästhet. Viel runder das Gesamtbild, viel ausgewogener die Symbolkraft als beim plebejischen Hakenkreuz der reichsdeutschen Konkurrenz.

Ich stehe also da, erhaben, in voller Montur, über der Volkesmenge am Rennplatz, Frau Rat, und dann, nach einer dramaturgisch klug gesetzten rhetorischen Eingangspause, hab' ich losgelegt. Weg mit der Aufklärung, endlich Schluss mit diesen verschrobenen Ergüssen von Hobbes*, Voltaire* und Montesquieu*! Eh alles Franzosen, oder so halt, Sie werden es bemerkt haben, Frau Rat. Immer diese Franzosen, land- und geistesfremde Deja-vus, weg natürlich auch mit dem Unsrigen, dem Sonnenfels*. Mit dem gewöhnungsbedürftigen Herrn Sonnenfels, dem Grundrechteschwafler, hat mich schon das bolschewistisch-jüdische Lehrpersonal an der Wiener Universität endlos karniefelt.*

Wir müssen zurück, in die glorreiche Vergangenheit, hab' ich gefordert. Kategorischer Imperativ! In unsere glücklichste Zeit, in die Zeit vor der französischen Revolution. Nein, besser noch, Frau Rat: ins Mittelalter! Im Mittelalter, diesem sittlich so gefestigten goldenen Zeitalter, hat es noch klare Strukturen gegeben, da hatte jeder Mensch seinen gottgewollten Platz. Es hat ja immerhin bereits der Walther von der Vogelweide, dieser ewig leuchtende, politisch so abgeklärte und weise Minnemann trefflich erkannt: *Si setzent herren unde kneht**!

Und weg, Frau Rat, da hätten mir die Sozis* eigentlich dankbar sein müssen, auch mit dem Kapitalismus! Stattdessen eine gesunde, feudale Ordnung. Das kam dann doch etwas überraschend für Freund und Feind. Da warens' fast ein bisserl eingeschnappt*, meine kapitalstarken Financiers auf der ideologischen Backstage. Und sofort nach meiner Rede, wie ich eh ein wenig erschöpft und müde war, habens' mich bedrängt und mit etwas rauer Stimme nachgefragt, wie ich denn das, wieder einmal, gemeint hab'. Ob ich jetzt übergeschnappt bin. Ich hab darauf nix gesagt, Frau Rat. Man muss ja nicht immer was sagen.

Und immer wichtig, bei einer Grundsatzrede, ein stimmiges Bild. Eine Bilderbucherzählung. Etwas, wo die Menschen sich anhalten können. Das sie mitnehmen in die mittelalterlichen Burgen und Hütten. Da hab' ich gesagt, unser schönes Land werde werden, werde sein, jetzt und in aller Zukunft wie ein: Bauernhaus. Passt doch ganz wunderbar ins Mittelalter. Der Bauer schafft an, der Großknecht gibt's weiter, die Bäuerin hat den Schlüssel zur Speis'. Am Ende des Tages, nach frohem Schaffen auf der heimatlichen Scholle, da kenn ich mich aus, als ehemaliger Agrarminister, die Mama immerhin eine Bauerntochter, ist allerdings zur schlechteren Hand verheiratet worden. Da sitzen sie dann alle am gemeinsamen Tisch, die Bauersleut', das gemeine Gesinde, meinetwegen auch die weichenden Anerben, die anspruchsbegrenzend mit dem Schnapsutz* aufgezogen worden sind. Und löffeln einträchtig aus dem dampfenden, wohlriechenden

Suppentopf. Alle zusammen. Eine Familie. Eine mittelalterliche Urhorde, die sich liebhat.

Und niemals vergessen, Frau Rat, die trefflichen Zünfte im Mittelalter! Keimzellen eines neuen Menschen, einer neuen Gesellschaft. Unser Erfolgsmodell für eine konfliktfreie, ganz und gar friedvolle Zukunft. Seien wir ehrlich, Frau Rat, wir haben ja ohnehin alle dieselben Interessen, ob wir nun über die Produktionsmittel verfügen oder nur unsere Arbeitskraft einbringen. Gut soll's uns halt gehen. Leben und leben lassen. Und nicht immer nur streiten. Freilich, einer muss entscheiden, wenn's d'rauf ankommt. Das ist dann eben der Unternehmer, der Bauer, das schon. Wer denn sonst? Und wenn sie gar nicht zusammenkommen beim dischkurieren, dann halt ich persönlich. Einer muss die Endverantwortung haben.

Bitte, den Ständestaat haben wir dann nicht ganz so idealtypisch, nicht ganz so, wie wir das angekündigt haben, verwirklichen können, in unserem entschuldbaren Notstandsprojekt. Ist ja auch verständlich, Frau Rat, einige haben schon geglaubt, sie könnten auch in diesem neu aufgesetzten Feudalsystem weitermachen wie bisher und herumkritteln, und ihre ständestaatlichen Freiheiten auf das Unverschämteste missbrauchen. So haben wir das halt ganz abgedreht. Und eine typengerecht durchgestylte, effizient ausgerichtete Diktatur, muss ich schon sagen, Frau Rat, hat schon ganz erhebliche Vorzüge. Da hat man die Fäden immer in der Hand, da kann man viel schneller reagieren, als wenn man immer in irgendwelchen Gremien nachfragen muss, ob die Herren Herren und die Herren Knechte schon ihre lächerlichen Differenzen beigelegt haben. In einer Diktatur fährt man hinein, freilich, nur wenn's notwendig ist, basta und aus. Und der Mussolini hat uns super Tipps gegeben, der hat uns eh schon immer gesagt, dass das mit den Ständen viel zu viel Aufwand ist.

Aber es gab auch Rückschläge, Frau Rat. Persönliche Enttäuschungen. Der Otto Spahn, unsere wissenschaftliche Rückversicherung, unser Chefideologe, der, ein umsichtiger Architekt, unser ständisches Bauernhaus entworfen hat, hat sich lustig gemacht. So, hat er gelästert, habe er das nun auch wieder nicht gemeint, das mit dem Ständestaat.

Wir haben ja unsere Stände, noch bevor wir sie eingerichtet haben, vor allem, um dem Spahn eine Freude zu machen, über die Wiener Ringstraße paradieren lassen. Zuerst die Rechtsanwälte und die Notare, dann die Bäcker und die Rauchfangkehrer, schließlich die Hebammen, alle in Reih und Glied, zackig den Blick auf unsere Ehrentribüne ausgerichtet. Hat so richtig schneidig ausgeschaut, Frau Rat. Aber, wie gesagt, der Spahn hat nur den Kopf geschüttelt. Was soll der Gschnas*, hat er uns verächtlich gemacht. Immer das gleiche mit den Elfenbeintürmlern, Frau Rat, selbst wenn sie auf der richtigen Seite wohnen. Was versteht so einer schon vom wirklichen Leben? Hätt er's uns halt verständlich erklärt, hätten wir's auch praxisnah umsetzen können.

Und dann hat einer prustend in unsere solemne Parade geplärrt: Lasst die Praterhuren auch mitmarschieren! Die sind auch ein Stand! Zuerst hab' ich gedacht, Frau Rat, das ist jetzt ein Scherz. Aber unsere Mediävisten, ich habe höflich nachgefragt, die kennen sich aus. Ich sage ihnen ja, Frau Rat, wenn wir schon eine Geschichtsschreibung an unseren Universitäten zulassen wollen, dann soll sie sich gefälligst mit den goldenen Jahrhunderten vor der Französischen Revolution beschäftigen.

Und am allerbesten ausschließlich mit den goldenen Jahren des Mittelalters. Unsere formschönen Kruckenkreuze hätten uns ja überhaupt bis in die Steinzeit zurückgeführt, aber das wollten wir unseren Landsleuten, schon technologisch, dann doch nicht antun. Das gute alte Mittelalter, Garant für ein gutes Leben für alle, haben wir in unserer politischen Erzählung allerdings ein wenig ausgedehnt. In etwa bis zur heldenhaften Verteidigung von Wien im Jahre 1683. Das ist eine Zäsur, die merkt sich jedes Schulkind, vor allem im abtrünnigen Wien. Damals schon haben wir die Stadt gegen alle Ungeraden verteidigt. Und das Türkenjahr haben wir dann auch anständig gefeiert, 1933, zum zweihundertfünfzigsten Jubiläum, dazu vielleicht später, Frau Rat. Damit die Leut' gleich wissen, wir haben nicht nur die inneren Feinde im Griff, wir fürchten uns auch nicht vor den äußeren.

Und so haben wir eben die Mediävisten geistig und finanziell kräftig gefördert. Sind ja auch viel wissenschaftlicher, viel viel wissenschaftlicher, Frau Rat, als die selbsternannten Zeithistoriker. Mediävisten haben den Überblick. Haben viel mehr zeitliche Distanz, viel mehr Objektivität. Viel weniger emotionsgeladener Diskurs. Da wird nicht so viel gestritten, Frau Rat, wie jetzt gerade bei den zeithistorischen Streithanseln*, wenn sie sich immer wieder bekriegen, und bevorzugt worüber? Über unser entschuldbares Notstandsprojekt, was denn sonst?

Aber ich schweife ab, Frau Rat, also unsere fachlich ausgewiesenen Mediävisten haben uns nach eingehenden Recherchen in unseren, europaweit bewunderten Archiven zugesichert, im Mittelalter sind die Liebesdienerinnen aus den Badehäusern auch mitmarschiert bei den farbenfrohen Paraden. Also gegangen wär's schon. Richtig ausstaffieren hätten wir sie halt müssen. Hochgeschlossen bis zum Hals, wir haben ja den politischen Katholizismus auch praktisch zu leben gehabt. Und kennzeichnen hätten wir sie auch müssen, wie im Mittelalter. Mit einem scharlachenen Schal am besten, haben uns ausgewiesene, auf ihre Rechtgläubigkeit und überhaupt auf Herz und Nieren überprüfte Gelehrte empfohlen. Da war wieder einmal Verlass auf unsere Geistesgrößen. Scharlachner Schal also, damit man sie, unsere Huren, als horizontalen Stand schon von weitem erkennt.

Der heilige Josef

Wir, und nur wir, haben das mittelalterliche Bündnis von göttlicher und staatlicher Sendung wieder geschlossen. Nur so, Frau Rat, kann die Humanitas zur erforderlichen sittlichen und moralischen Reinheit gelangen. Mit Entsetzen habe ich dann später, lange nachdem unser entschuldbares Notstandsprojekt, zum enormen geistigen Verlust unseres Landes, wieder beseitigt war, vernommen, irgend so ein Kardinal König* sei von diesem Grundprinzip wieder abgewichen. Der politische Katholizismus habe dem katholischen, ja überhaupt dem christlichen Glauben, enormen Schaden zugefügt. So seine kühne, durch nichts bewiesene Behauptung. Weil, so der König: Zu politisch, nämlich der politische Katholizismus. Säkularisierung hieße das Gebot der Stunde. Man gebe dem Staat, was des Staates ist. Und dem Papst, was des Papstes ist. Daraus habe zu folgen: Äquidistanz zu Parteien und Verbänden. Und keine Geistlichen in der Politik, wie etwa mein Ziehvater, der große Prälat Seipel. So etwas ginge gar nicht. Ja, wo kommen wir denn da hin, Frau Rat? Warum, darf ich den Herrn König fragen, ist denn unsere Bewegung so schön priesterlich schwarz? Da hätten wir unsere Parteifarbe ja gleich gegen türkis* eintauschen können.

Und was macht er dann, der Herr Kardinal König? Hält eine sogenannte Versöhnungsrede im österreichischen Gewerkschaftsbund, das muss man sich auf der Zunge zergehen lassen. Das wird so Anfang der 1970er-Jahre gewesen sein. Als ob wir die Arbeiter nicht ohnehin schon versöhnt hätten, nachdem wir ihnen in unserem entschuldbaren Notstandsprojekt den gottgewollten Platz zugewiesen haben.

Das haben wir uns durchaus auch mal etwas kosten lassen. Eine Versöhnungskapelle nach der anderen haben wir ihnen hingemauert, in den heruntergekommenen Arbeitervierteln. Dem heiligen Josef, ihrem fleißigen und handwerklich begabten, fleischlich aber unproduktiven Heiligen gewidmet. Orte der Einkehr. Ausreichende Gelegenheit für das arbeitende Volk, um Arbeit und Brot zu bitten. Idealerweise auf den Knien.

Und uns nicht immer hineinquatschen wollen in unsere ohnehin so fürsorgliche, das Wohl des arbeitenden Volkes immer in den Mittelpunkt rückende Politik. Beten. Hände falten. Goschen halten. Nicht immer unverschämt fordern, sondern bitten. Es muss ja nicht für alles einen Rechtsanspruch geben. Wenn man höflich und unaufdringlich den Brotgeber ersucht, dass er für die geleistete Arbeit auch das Brot gebe, meinetwegen auch einen Lohn auszahle, und einen später vielleicht, wenn auch nur zeitweise, aufnehme als Einleger, in einer bescheidenen Kammer mit Strohsack, wenn man alt und bresthaft geworden ist, wird sich ein christlicher Arbeitgeber in seiner Barmherzigkeit einer solch demütig vorgebrachten Bitte doch niemals verschließen.

Da war unser Theodor Innitzer* schon von einem ganz anderen Holz geschnitzt, als dieser König. 1932, das war halt einfach unser Jahr! Ich bin Kanzler geworden, er, der Innitzer, Erzbischof der Erzdiözese Wien. Kein Blatt hat zwischen uns gepasst. Erster Höhepunkt auf unserem gemeinsamen Weg in den Gottesstaat: Die große Feier 1933 zum 250-jährigen Jubiläum des Sieges gegen die Türken vor Wien. Jetzt ist es so weit, Frau Rat, gerade hier passt das jetzt gut ins Protokoll. Die Heimwehr hatte sich dieses Hochamt unseres identitären Anspruches so sehr gewünscht, vor allem der Starhemberg, der seinen Ahnherrn, wie er ein Ernst Rüdiger, den heldenhaften Stadtverteidiger von Wien, hochleben lassen wollte. Und was man sich ganz fest wünscht, das bekommt man auch. Vor allem, wenn es nicht gar so viel kostet.

Immer schon ein schöner Anlass, das Jahr 1683, um unsere schönen Werte in das allerbeste Licht zu rücken. Und der allerwichtigste dieser Werte heißt nun einmal: Abwehr. Abwehr alles Fremden, alles Ungeraden. Schon 1883 hatte unsere rechtgläubig-katholische Kirche zum 200sten Jahrestag geblasen. Geladen, freilich. Eine neue Gefahr, viel gefährlicher noch als die Türken, galt es zu bannen! Den aufkommenden Liberalismus. Ein paar Jahre später hat dann unser trefflicher Lueger* bei der nächsten Befreiungsfeier neuerlich an unsere Abwehrkräfte appelliert: Hoffen wir, hat er in seiner unverkennbaren Rhetorik, da war er gar nicht so viel schlechter als ich, seinem, nach Wahrheit dürstenden Wiener Volk nahegebracht, den Blick in den Himmel gerichtet, dass er sich auftue vor unser aller Not, hoffen wir, dass wir eine größere Not von uns abwälzen als die Türkennot: nämlich die Judennot.

Was lag also näher, Frau Rat, als zum 250-jährigen Jubiläum, 1933, am Beginn unseres heilbringenden, identitätsstiftenden Weges, die

Notwendigkeit der heldenhaften Abwehr einmal mehr feierlich zu manifestieren? Und die Finger auf die schwärende Wunde des Herrn in unsriger Zeit zu legen, nämlich auf die Gottlosigkeit von Juden, Sozialdemokraten und anderen Ungeraden.

Wie hat es mich da gefreut, in meinem Hietzinger Erdreich, dass zum dreihundertfünfunddreißigsten Gedenktag an die Belagerung Ihre Regierung neuerlich angetreten ist, am Kahlenberg. Und so wunderbare Reden gehalten hat, über unser schönes Land, über unsere unverwechselbare, immer– und ewigwährende Identität. Vor allem Ihr Vizekanzler* damals, Frau Rat, anno 2018, frisch angelobt und voller Tatendrang! Und doch jetzt auch schon wieder weg. Oh, wie kurzlebig ist doch die Zeit! Schade um ihn, den trefflichen Mann. Ich sehe ihn noch vor mir, Frau Rat, wie er das Kruzifix in eine johlende Menschenmenge gehalten hat. Mollis retro, weiche zurück, Satan! Das war allerdings noch einige Jahre früher. Da ist er angetreten, dieser mutige Verteidiger des rechten Glaubens, um das Bündnis zwischen Staat und Religion wieder zu erneuern. Zum Entsetzen der säkularisierten, ich will eher meinen, Frau Rat, völlig orientierungslosen heutigen Kirche.

Gegen die islamischen Horden, die nun, wie seinerzeit die Türken, wieder herandrängen, hat dieser probate Gotteskrieger so trefflich gewettert. Und schon im Jahre 2010 ist er herangeflogen gekommen, der nunmehr auch schon wieder im Amt verblichene Vizekanzler, als abendländischer Superman von den Höhen des Kahlenbergs. Mächtig wie das polnische Entsatzheer 1683 ist er angeritten, um Wien nochmals zu befreien.

Wieder hat ein Kampf getobt um diese schöne Stadt. Ein Wahl-kampf. Die Verteidiger Wiens gegen einen rotgewandeten, feisten Bürgermeister. Da tut ein Wirbelwind gut, Frau Rat. Gegen die türkischen Putzfrauen, Friseure, Automechaniker und schmierige Kebabbudenbetreiber. Und die Balkaneser und die Afghanen und die Orientalen. Und die Neger aus Nigeria, die sowieso.

Gegen die Juden auch, ein wenig verschämt und zurückhal-tend allerdings, das ist ja nicht unheikel heute, dafür ist dann die zweite oder dritte Reihe der Abwehrkampftruppe zuständig. Für die Juden ist es jetzt aktuell halt in der jahrhundertelangen Dialektik gerade ein bisserl zu spät. Noch später vielleicht, können wir es dann wieder ambitionierter angehen. Und das alles zum Schutz unseres österreichischen Volkes, das man vor allem gegen sich selbst schützen muss. Denn was sollten sie denn anderes tun, die schutzbedürftigen, autochthonen Österreicher, wenn die Halbmondinvasoren ihre Dienstleistungen viel günstiger anbieten. Genau, Frau Rat: Zuschlagen!

Was ich auch so liebe, an der Bewegung Ihres verflossenen Vizekanzlers, Frau Rat, ist deren enorme Flexibilität. Die ist, Respekt, der unsrigen seinerzeit um nichts nachgestanden. Jahrhundertelang deutschnational, nun österreichnational. Genial. So ein durchdachtes Konzept packt den Patscherkofel-Nachtslalom-Leider-nein-Fußball-Championsleague-Hurrapatriotismus unmittelbar an den identitätsstiftenden Wurzeln. Und wenn man dann einige Jahre später doch wieder ein unverbrüchliches Bekenntnis zur deutschen Kulturnation in das Parteiprogramm schreibt, bleibt selbst einer ideologischen Missgeburt wie Österreich ein argumentierbares Fundament erhalten.

Naja, jetzt ist unser aller politischer Hoffnungsträger, Frau Rat, wohl vorübergehend politisch geparkt. Hat, hört man, die österreichische Infrastruktur verschenken wollen gegen ein paar lächerliche Parteispenden. Und die Journalisten als Huren entlarvt. Was ist da falsch, Frau Rat? Haben wir auch gemacht. Warum die Wahrheit nicht sagen? Und auch eingesperrt, die Huren. Und nicht nur wegen Prostitution.

Aber dass er, Ihr verflossener Vizekanzler, mit testosterongeschwängertem Bierbauch einer blond gefärbten Oligarchennichte das mediterrane Abendhimmelblau herabgebaggert hat, schmerzt. Selbst mich, Frau Rat. Da muss ich mich, politischer Katholik alter Schule und christlicher Märtyrer, ganz entschieden hinter seine treue Ehefrau stellen. Wenn die Keimzelle der staatlichen Familienfrau gefährdet ist, ist die rote Grenze eindeutig überschritten.

Strafe muss sein. Ich würde meinen, ein, höchstens zwei Jahre Politentzug.

Die Renegaten

Aber ganz so einfach wie sich das heute anhört, war unser Marsch durch die Institutionen dann doch nicht. Der Widerstand lauert immer und überall. Vor allem, und gerade, bin ich versucht zu sagen, auch in den eigenen Reihen. Was glauben Sie, wie's da oft hergegangen ist, in unseren Parteisitzungen, vor dem so notwendigen Bruch mit dem Systääm*. Da hat jeder Hinterbänkler geglaubt, Demokratie heißt, dass er auch bei uns immer und überall seinen Schmarr'n dazugeben kann. Da hat's schon bei uns auch die unverbesserlichen Demokratienostalgiker gegeben, die unzuverlässigen Drückeberger. Die haben geglaubt, sie könnten da aufmucken, das Blatt noch wenden. Kompromisse suchen, womöglich gar noch finden, mit dem marxistischen Mitbewerb.

Immer wieder, wenn ich an diese schwierigen Augenblicke denke, als unser Endziel, das entschuldbare Notstandsprojekt, auf der Kippe gestanden ist, fällt mir, exemplarisch und mit äußerst gemischten Gefühlen, der Jodok* ein. Unser Herr Diplomat und Brückenbauer. Hat den Sieg unserer Bewegung in den glorreichen Jahren 1933 und 1934 dann freilich nicht mehr ganz miterleben dürfen. Schon vier Jahre zuvor musste er von uns gehen, unser Jodok. Gott hab ihn selig. So um 1927 muss das gewesen sein, wie der die Patsch'n* g'streckt hat, genau in dem Jahr, als der Justizpalast gebrannt hat. Wie sich damals gezeigt hat, die Sozialdemokratie, ständig die Gosch'n offen, aber ein Koloss auf tönernen Füßen. Ein kleines Stößchen, ein zartes Antippen, ist uns immer klarer geworden, und wir brauchen nur noch den Schutt wegräumen.

Aber der Jodok Fink* hat die Zeichen der Zeit nicht erkannt. Hat immer den liberalen Demokraten heraushängen lassen. Ein bisserl aufgesetzt, wenn Sie mich fragen, Frau Rat, vor allem von dem, immer in der Tracht. Ich kann mir auch heute nur schwerlich vorstellen, dass der das wirklich ernst gemeint hat. Hineinschauen hat man in den nicht wirklich können, so offen wie der sich immer gegeben hat.

Der Jodok hätte sicher recht gezetert, als sich unsere Notstandspläne konkretisieren sollten. Ein Vorarlberger halt. Die Vorarlberger immer anders, Frau Rat. Nicht nur sprachlich. Progressive Bremser, wenn dieses dialektische Bonmot gestattet ist. Ist ja heute nicht viel anders. Ob sie nun die klassenadäquate Bildungspolitik unserer Nachfolger kritisieren, unsere Gsiberger*, oder selbst bei ländleanlassbezogenen Präventivhaftkonzepten ihr eigenes Süppchen kochen. Immer irgendwie erratisch, wenig wertschätzend für die Vorzüge der illiberalen Demokratie.

Tatsächlich, und konkret in diesen heiklen Monaten von Beginn 1933 bis Februar 1934, haben dann, weil, anders als der verblichene Jodok, noch ziemlich g'sund und munter, vor allem unsere Christgewerkschafter über unser entschuldbares Notstandsprojekt gemotzt. Auch die haben bei jeder Gelegenheit heraushängen lassen, dass wir schließlich alle Christen seien in unserer gemeinsamen Gesinnungsgemeinschaft und wir so mit unserem Nächsten, respektive dem politischen Mitbewerb, nicht umgehen könnten.

Und zu guter Letzt dann noch der Leopold. Unser Leopold, Frau Rat. Bei jeder Sitzung hat man nicht so recht gewusst, wie geht's aus, wenn der Kunschak* noch nicht am Wort war. Interessante Persönlichkeit. Talentiert, viele gute Ansätze, geb' ich gerne zu. Aber für eine stimmige, geschlossene Notstandserzählung unbrauchbar. Als Antisemit durchaus akzeptabel, da kann ich gar nichts sagen, in diesem Punkt haben wir uns immer verstanden. Hat schon sehr früh ambitionierte Deportationspläne für die Mosaischen entwickelt, Hut ab. In der Rassenfrage der kühlen Ratio ebenso wie dem vielgerühmten österreichischen Augenmaß verpflichtet.

Nur nicht übertreiben, niemals exzessiv. Dem Volke nahe. Entweder löst man die Judenfrage rechtzeitig nach den Eingebungen der Vernunft und Menschlichkeit, oder sie wird gelöst werden in der Form des vernunftlosen Tieres, in der es seinen Feind angeht, in Form wildgewordenen und unbändigen Instinkts. Das war dann schon 1936, als der Kunschak das gesagt hat. Ich werde mir seine, diese gleichermaßen weisen wie weitblickenden Worte ewig merken. Ich denke, Frau Rat, dieser wohl formulierte Satz kann bis heute Gültigkeit beanspruchen.

Was aber die so notwendige Anpassung der Demokratie an den europäischen Zeitgeist anlangt, da kann ich nur bedauern. Der Kunschak, ein unverbesserlicher Querkopf. Ein Renegat. Immerhin hat er seinerzeit zur Eindämmung des frechen Alleinvertretungs-anspruches der Marxisten im Arbeitermilieu den Freiheitsbund* gegründet. Mit dem hat er recht wacker den überzogenen Forde-rungsneurosen der freien, sozialdemokratischen Gewerkschaften entgegengehalten. Aber auch den Heimwehrgewerkschaften, uns doch wesentlich loyaler mit ihren notstandsprojektsfördernden Personaleinstellungspolitiken, ist er immer wieder in die Parade gefahren.

Kurz vor dem Endsieg des politischen Katholizismus, man muss sich das einmal vorstellen, sind sie uns heimtückisch, weil defätistisch in den Rücken gefallen. Erst als sie dann, nur ein wenig später, blitzgegneißt haben, dass eine verantwortungsbewusste Gewerkschaft ohne lästige sozialistische Konkurrenz ja viel rei-bungsloser funktioniert, waren sie doch besänftigt. Ich trag's ihnen nicht nach. Man darf in diesem kurzen Leben jede Gelegenheit nützen, klüger zu werden.

Wie dann seine marxistischen Freunderln seine Nachsicht und sein Verständnis endgültig missbraucht und im Februar 1934 mit ihren besseren Vorderladern aus der Monarchie gegen unser Notstandsprojekt revoltiert haben, wollte er gar noch vermitteln. Zwischen den Fronten! Wär' uns womöglich tatsächlich noch zwi-schen die Fronten geraten. Hätten wir einen Märtyrer mehr gehabt.

Na immerhin, in seinem Buch, das zu publizieren er sich viel zu spät bequemt hat, hat er mir dann schon beschämt Abbitte leisten müssen. Schreiben sie halt alle ihre Büchl, wo sie so ihre Befindlichkeiten ausbreiten. Und ihre Widersprüche und

Anpassungsfähigkeiten in den Zeitgeist hineinglätten. War damals so, ist heute nicht anders, Frau Rat. Wer schreibt, bleibt. Glauben sie. Ich hab' nix geschrieben, und bin auch geblieben.

Halt einer mehr, der Kunschak, der durch unser segenbringendes Wirken für Land und Leute klüger geworden ist, darf ich heute bescheiden feststellen. Man soll uns eben an unseren Taten messen. Dass heute noch ein renommierter Wissenschaftspreis nach unserem so originellen Leopold benannt ist, erstaunt mich doch etwas, ob seiner recht verzögert einsetzenden Analysefähigkeit, dass man so etwas heute noch ehrt, aber ich gönn' es ihm von Herzen. Ich sehe das, grosso modo, als schöne Auszeichnung und Anerkennung für uns alle, für unser entschuldbares Notstandsprojekt.

Und wenn wir jetzt schon ein wenig über den Kunschak dischkurieren, fällt mir ein, ja, ja, die Altersmilde, Frau Rat, dass auch die Sozis nicht alle in einen Topf zu werfen waren. Gerechtigkeit beginnt bei der Differenzierung. Gleiches ist gleich, Ungleiches ist ungleich zu behandeln. Selbst bei den Sozis.

Was die Judenfrage betrifft, haben auch die Marxisten ein paar recht vernünftige Köpfe gehabt. Der Renner war zwar wie immer ein Trittbrettfahrer, der hat halt auch ein wenig mit den antijüdischen Versatzstücken jonglieren müssen, wenn's schon einmal beim gemeinen Volk so gut ankommt. Jüdisches Großkapital, das die Welt und ihre Arbeiter knechtet, hat er gewettert und polemisiert, und ähnliche Verschwörungsdilettantismen. Irgendwie ein Paradoxon, in der völlig verjudeten Sozialdemokratie. Judenfeindlichkeit für Anfänger, wenn man so will. Glaubwürdigkeit sieht anders aus.

Aber der Helmer, der hat mir da schon besser gefallen. Sicher, als führenden Sozi haben wir ihn 1934 auch ein wenig in Haft nehmen müssen, aber immerhin war das einer, der sich auch nach 1945 um unsere wenigen ideologischen Gemeinsamkeiten ein wenig geschert hat. Hat unverdrossen und unbeeindruckt von alliierten Propagandalügen weiter darauf geachtet, dass die Juden nicht allzu frech werden. Na ja, Frau Rat, allzu viele haben wir ja nicht mehr gehabt. Die meisten sind in Rauch aufgegangen, oder es war ihnen die Rückkehr zu beschwerlich. Aber ein paar von denen, die der Hitler nicht erwischt hat, sind schon wieder ante portas gestanden.

Da aber war der Helmer konsequent, muss ich schon sagen, Frau Rat, dass ihre unverschämt frechen Rückforderungsansprüche in guter österreichischer Tradition abgewickelt werden. Nämlich langsam. Oder gar nicht. Verständlich, wo sich die Mosaischen doch im Exil den Bauch angefressen haben, während die echten Österreicher ihr angeschlossenes Land gegen die bolschewistischen Horden aus dem Osten verteidigen mussten. Das nenn' ich Standfestigkeit, Frau Rat, da ist der Helmer, obwohl Sozi, unserem Kunschak um nichts nachgestanden.

Der Kunschak also Wissenschaftspreis. Der Helmer, immerhin, hat einen Gemeindebau in Wien zugesprochen bekommen. Und nicht zu vergessen: einen Kindergarten in Wiener Neustadt. Das lob ich mir. Man kann gar nicht früh genug beginnen, der Jugend zumindest Teile unseres ideellen Nachlasses zu tradieren. Und jene zu ehren, die das Feuer auch in schwierigen Zeiten weitergetragen haben. Auch wenn es, wie in diesem Fall, einer war, der aufgrund einer gewissen Geistesverwirrung und Orientierungslosigkeit seine wahre politische Bestimmung und Heimat, nämlich die bei uns, nicht gefunden hat.

Aber auch für unsere jungen Mütter heutzutage, die ihre Gschrappen und damit ihre Verantwortung für die Familie als Keimzelle eines ernstzunehmenden Staates am Kindergartentürl abzuliefern pflegen, kann ein solches Patrozinium für eine Erstbildungsstätte vielfach erbaulich und Anlass sein, sich mit den universellen, den Urwerten eines Herrenvolkes auseinanderzusetzen.

Denn was haben diese Leghennen einer bedauernswerten Brut in ihrem Geschichtsunterricht schon vernommen, Frau Rat? Holocaust. Erörterungsaufsätze: über den Holocaust. Vorwissenschaftliche Arbeiten: über den Holocaust. Gedenkprojekte. Sie ahnen es, Frau Rat, Sie sind ja selbst Bildungsopfer: über den Holocaust. Sentimentale Zeitzeugenbesuche in unseren Schulstuben. Nichts von der geschichtlichen Sendung unseres vielgerühmten

Österreich haben diese armen, verlorenen Seelen gehört, nichts von unserem jahrhundertelang anerbauten, gottesgnadelichen und damit österreichischen Wesen! An dem heute noch die Welt genesen könnte, im Übrigen. Nichts von den ebenso menschengerechten wie gottgefälligen Ordnungsprinzipien des Mittelalters. Stattdessen: Holocaust. Und noch einmal Holocaust. Vielleicht einmal auch Shoa, zur Abwechslung. Es ist, Frau Rat, Sie gestehen das einem alten Mann zu, der nach seiner Exhumierung noch nicht einmal gefrühstückt hat, es ist zum Erbrechen.

So war sie also aufgestellt, unsere erste Schlachtreihe am Ende des demokratischen Chaos. Und dahinter? Frage nicht. Besser ist's in der zweiten und dritten Reihe nicht weitergegangen, einer zittriger als der andere. Einer dieser unsicheren Apostel, an sich absolute Elite unserer Bewegung, fällt mir noch ein, Frau Rat: Ernst Karl Winter*. Auch so ein Querkopfdenker, im Arbeitermilieu beliebt, allein das macht verdächtig. Für jeden parteiübergreifenden Kompromiss zu haben. Naturgemäß auch für solche, wo wir auch nachgeben hätten müssen. Die unsere eigene Agenda verwässert haben. Ein unappetitlicher Packler eben.

Den haben wir dann, schon in unserem entschuldbaren Notstandsprojekt, zum Wiener Vizebürgermeister gemacht. Ein Signal. Ein Angebot an die halbwegs vernünftige Arbeiterschaft. Wir strecken die Hand aus, wir versöhnen. Der Winter, kann ich Ihnen sagen, Frau Rat, ein wahrlich erratischer Geist. Daher ja auch nur Vizebürgermeister. Hätten wir ihn zum Bürgermeister gemacht, hätten wir gleich den Seitz behalten können.

Mit unserer Geschlossenheit war's in dieser heiklen Zeit des Umbruchs also nicht so weit her. Das ist dann später besser geworden, mit unserer Vaterländischen Front. Ein geeintes Volk, eine einzige, geeinte Partei. Das muss genügen. Da gibt's dann nicht so viel Alternativen, auch nicht für die eigenen. Zweikommaacht Millionen Mitglieder bei sechskommafünf Millionen Staatsbürgern, das ist eine Quote, die sich schon sehen lassen kann. Heute unken unsere wenigen verbliebenen, historischen Strafverteidiger, allerdings in diesem Punkte gewiss nur halbgebildet, auch wenn ich ihre Bemühungen um meinen Mythos so überaus schätze: unsere, mit Feuer und Flamme beigetretenen Anhänger mittelalterlicher Ordnungsprinzipien seien nur Karteileichen gewesen. Opportunisten, die halt mitgeschwommen sind, weil sie einen Posten gebraucht haben, eine Wohnung, einen Automobilbezugsschein, was auch immer. Das sei keine Massenbasis gewesen, so hätten wir selbst dann keinen richtigen Faschismus geschafft, wenn uns der Hitler noch eine angemessene Fristverlängerung eingeräumt hätte. Geht's noch, Frau Rat? Typisch österreichisch, immer schimmert der Minderwertigkeitskomplex durch. Das war doch im italienischen Partito Nazionale Fascista oder in der Nationalsozialistischen Deutschen Arbeiterpartei nicht anders!

Als Dank für seine Bestellung zum Vizebürgermeister und sein üppiges Salär hat er gleich einmal interveniert bei mir, der Winter. Und zwar für einen gewissen Gerstl. Nein, Frau Rat, Gerl, glaub' ich, hat der geheißen. Sie müssen meine Gedächtnisschwächen entschuldigen, ich kann mir nicht jeden Todgeweihten merken. Der Gerstl oder Gerl* jedenfalls hat nach einer behördlich autorisierten Sprengung einer notstandsprojektsgefährdeten Versammlung von ungeraden Subjekten auf der sogenannten Predigtstuhlwiese bei Wien, bei der letale Folgen für einzelne illegal Versammelte leider nicht zu vermeiden waren, nun selbst eine Sprengung durchgeführt. Die allerdings war nicht behördlich autorisiert. Ein Gleissignal hatte er im Visier, mehr als eine Beschädigung des Sockels war allerdings nicht drinnen. Ein Dilettant eben, wie die gesamte Sozioopposition.

Bei seiner Verhandlung, wieder einmal ein Hochamt unseres Rechtsstaates, Frau Rat, hat der junge Mann, wie mir berichtet wurde, zum Besten gegeben: *Mein Ideal stand mir höher als mein Leben.* Oder so ähnlich. Na bitte, Frau Rat. Wer bereits in jungen Jahren so tiefe Einsichten ins Leben gewonnen hat, ist auch reif, sein Unrecht zu erkennen. Und damit auch reif für den Tod. Zweiundzwanzig Jahre, volljährig ist volljährig. Mit dem Alter hätte er nicht einmal, Frau Rat, nach Ihrem heutigen, so unendlich skurrilen, weil Täter schonenden und Opfer verhöhnenden Strafrecht als jugendlicher Erwachsener auf Milde hoffen dürfen. Auch ein junger Mensch hat Verantwortung zu tragen.

Bevor wir dann den Gerl, oder was weiß ich, Frau Rat, vielleicht auch den Gerstl, der gerechten Justifizierung zugeführt haben, hat er schon angeklopft bei mir, der Vizebürgermeister Winter, und hat Begnadigung gefordert. Ich hab' ihm nur milde lächelnd in die Augen geblickt und ihn nachsichtig belehrt, danken wir Gott, dass wir einen Roten zu hängen haben, und nicht womöglich einen Nazi. Was es bei einem Nazi für Verwicklungen gegeben hätte, brauch' ich Ihnen wohl nicht zu erklären, Frau Rat. International. Also bilateral. Also mit dem Hitler. Von den böllerschießenden Nazibuben im eigenen Hause gar nicht zu reden. Bei einem Roten ist das etwas anderes. Da sind Proteste vor einer Hinrichtung eher Folklore. Der Winter hat dann auch ein Büchel schreiben müssen, später. Natürlich. Seinen Senf dazugeben, zu unserem Notstandsprojekt. Christentum und Zivilisation, hat das geheißen. Als ob das schon jemals ein Widerspruch gewesen wäre.

Der Ungehorsam

Mit diesen ideologischen Grundfesten ist unser entschuldbares Notstandsprojekt in den Grundzügen schon gestanden. Und jetzt waren wir gespannt, was machen unsre selbsternannten, lupenreinen Demokraten? Generalstreik vielleicht? Die alten und verschrumpelten Gewehrln aus der Monarchie herausholen? Das wär' uns sehr recht gewesen, Frau Rat, sehr recht. Wir waren immer für klare Verhältnisse. Schon in der Zeit, als wir noch ein wenig vorsichtig mit unserem kriegs- und notstandsbedingten Ermächtigungsprojekt herumexperimentiert haben, habe ich bereits im Parteivorstand eindeutig die Linie vorgegeben: Wenn die Sozis Dummheiten machen, ist in Nullkommajosef* Standrecht in Österreich.

Ein rassiger Waffengang, ein überschaubarer Bürgerkrieg, überhaupt kein Problem, schon damals nicht. Wir sind in den

Startlöchern gestanden. Unsere Gendarmerie, unsere Polizei, unser Heer, vor allem unsere straßenschlacht- und veranstaltungssprengerprobte Heimwehr hätten schon picobello* aufgeräumt. Tabula rasa.

Aber die Sozis? Was sag ich Ihnen, Frau Rat? Weicheier. Kein soldatischer Mumm. Seit ich die kenne, waren die immer defätistisch. Und so destruktiv. Eine halbwegs gedeihliche Kooperation mit dieser Partie war also selbst hier, in den Stunden der höchsten Not, in den Stunden der Entscheidung für unser Österreich, nicht zu erwarten. Keinerlei staatstragende Qualitäten. Ungerade eben. Mit denen, Frau Rat, kann man nicht einmal einen Bürgerkrieg machen.

Selbst jetzt wollten sie noch verhandeln, haben gebettelt um ihre jämmerliche Demokratie, um ihr rotes Wien, um ihre Gewerkschaften. Meinetwegen, haben sie gesagt, ständestaatliche Strukturen. Aber die Kontrolle müsse beim Parlament bleiben. Freies Mandat. Freies Wahlrecht. Repräsentatives Prinzip. Warum, Frau Rat, frage ich Sie, hätte ich zuerst das Parlament ausschalten sollen, wenn ich es jetzt wiedereinführen wollt'?

Selbst der Miklas* hat das Gespräch mit mir gesucht. Unser eigener Mann. Unser Bundespräsident. Auch so ein Überbesorgter. Irgendwie wie der Seitz ist mir der schon vorgekommen. Hat gemeint, ich soll sie in Ruhe lassen, die Demokratie und die Sozis. Ich möge doch, bitteschön, wieder auf den rechten Weg zurückkehren. Eine Frechheit. Was der rechte Weg ist, das weiß ich schon alleine, Frau Rat, und am allerbesten. Der rechte Weg geht am zielführendsten immer noch ohne Demokratie. Dazu brauch' ich keinen Grüßaugust.

Schon 1929 haben wir die Verfassung ein wenig umgestaltet. Einen starken Mann wollten wir an der Spitze. Mit dem Recht, das Parlament aufzulösen und, wenn's opportun ist, auch ohne Parlament mit Notverordnungen zu regieren. Und die Regierung bestellen, früher war das das alleinige Recht des Parlaments. Präfaschistisch, hat ein späterer Verwaltungsgerichtshofpräsident*, jüngst sogar zum Vizekanzler aufgestiegen, gemeint. Vielleicht wollte er an unserer wichtigen Initiative ein wenig herumkritteln, aber ich denke, die Einschätzung ist gar nicht unpassend, Frau Rat. Da kann man schon dazu stehen, das war gut und richtig so. Für ein bisserl einen Faschismus braucht man sich sicher nicht schämen.

Die Sozis haben natürlich wieder gebremst, wie immer, nie waren sie bereit, starre Strukturen aufzubrechen. Reformbereitschaft null. Eine Einschränkung der Demokratie sei das. Aber wie üblich haben sie nachgeben müssen. Ein charakter- und nervenschwaches Bündel der Hinsichtl und Rücksichtl. Das Wesen der Demokratie ist eben der Kompromiss, hat schon der Kelsen gewusst. So viele Rechte wie die Reichsdeutschen dem Hindenburg haben wir seinerzeit unserem Bundespräsidenten Miklas allerdings nicht geben können. Wollen hätten wir schon, wir, die Geraden halt. Für unser entschuldbares Notstandsprojekt war das aber dann ohnehin unerheblich. Einen starken Bundespräsidenten braucht man ja nur dann, wenn die anderen an der Regierung sind. Der Miklas hätte sich gewundert, was nach der neuen Rechtslage er sich so alles trauen hätte dürfen, aber er hat sich eben nicht getraut. Nach seinem devoten Vorbringen, die Demokratie habe doch irgendwie einen Sinn, hat er brav gekuscht. Hat wohl geglaubt, ich sperre ihn am Ende noch ein. Ausgeblufft.

Aber eigentlich, wissen wir eh, Frau Rat, ist es der roten Bagage ausschließlich um ihr eigenes Überleben gegangen. Der Otto Bauer, im Parlament immer die Gosch'n offen, hat was gebrabbelt von: *Ich kann die Gewalt und das Blutvergießen vor den Müttern dieses Landes nicht verantworten.* Angeblich war der ein Offizier im Krieg, kein Wunder, dass wir den verloren haben. Und einige Monate zuvor hat er noch gemeint: *Demokratisch so lange wir können, diktatorisch nur, wenn mir müssen.* Jetzt, Frau Rat, hätten sie eben müssen, die Sozis. Aber was war? Wehrhafte Demokratie? Proletendiktaturl? Nebbich*.

Aber wir, was sag ich Ihnen, Frau Rat, sind konsequent geblieben, und jetzt, beinahe schon wie ein einziger Mann, selbst unsere Renegaten haben wir zum größten Teil eingefangen, wir sind hinter unserem erfolgversprechenden entschuldbaren Notstandsprojekt

gestanden. Mein Kartenblatt war nicht zu übertrumpfen. Da hab'
ich dem Bauer tief in die Augen geblickt und ein- für allemal
klargestellt: Jetzt ist es zu spät.

Die Katharsis

Wenn ich hier an dieser Stelle ein wenig klärend vertiefen darf, so
ein unentschiedener Zustand ist auch nicht gut für ein entschuldbares Notstandsprojekt. Das bremst den Gestaltungswillen, das
behindert eine gedeihliche Entwicklung. Die Sozis haben noch
immer verbal radikalisiert in ihren verlausten Parteilokalen, gar
nicht gut für das Renommee unserer mühsam erworbenen Autorität.
Daher haben wir uns gesagt: Jetzt muss etwas geschehen! Aber
immer wichtig, Frau Rat, die Optik. Auch und gerade bei einer
solchen, ebenso notwendigen wie schmerzhaften Operation. Selber
anfangen ist nie gut. Das nehmen einen die Leute krumm.

Daher den Bernaschek*, den Schutzbundobmann in Linz, ange-
spitzt*. Ein richtiger Heißsporn, der Bernaschek. Der hat schon
lange großmäulig angekündigt, dass er sich wehren wird, wenn
unsere rechtstreuen Sicherheitskräfte, wenn unsere rechtstreuen
Heimwehren Waffen suchen kommen. Aber die roten Weicheier
in Wien wollten noch immer nicht. Nix mit: *Auf zum letzten Gefecht!*
Die haben geahnt, dass dieses Gefecht wirklich ihr letztes sein
wird. Untergang.

Aber ich sag' Ihnen, Frau Rat, wenn man an einer Brücke ange-
langt ist, muss man auch drübergehn. Die rote Zentrale aber hat
dem Bernaschek ein Telegramm geschickt, verschlüsselt natürlich.
Irgendwas von einer Tante haben sie da gefaselt, deren Zustand
fast hoffnungslos sei. Er möge daher die Operation bis nach einem
Ärztekonsilium verschieben. Gemeint freilich, Frau Rat, er soll sich
keinesfalls provozieren lassen, der Bernaschek, und Ruh' geben.

Aber unser Geheimdienst ist ja nicht auf der Nudelsuppe* daher-
geschwommen. Wir haben schließlich mittlerweile einen schlanken
Rechtsstaat gehabt, nicht so ein unnötiges Normenwirrwarr wie

in Ihrem heutigen System, Frau Rat, mit Sicherheitspolizeigesetz, Datenschutzverordnung oder was auch immer für Firlefanz*. Sicher, da gibt es so schöne Informationskanäle wie Videoüberwachung oder Bundestrojaner, hätten wir auch gerne gehabt, wenn der Computer nur schon produktionsreif gewesen wäre.

Doch es bleiben ja, heutzutage, diese nahezu unüberwindlichen bürokratischen Hürden, immer und überall muss man so einen Richter anrufen, womöglich eine freundliche Kollegin von Ihnen, aus dem Bett jagen. Man kann ja kaum noch zugreifen auf potenzielle Gefährder heutzutage. Über Präventivhaft, das Nonplusultra in einer hochversicherten Gesellschaft, will ich hier überhaupt schweigen, Frau Rat. Beschämt das Haupt senken, über die heutigen, untragbaren Zustände. Dass sich bei Ihnen, Frau Rat, die Volksgemeinschaft kaum mehr aus dem Haus traut, wenn die Sonne untergegangen ist, kann ich völlig nachvollziehen.

Wir, die Angst und Sicherheitsbedürfnis eines schutzbefohlenen Volkes noch ernst genommen haben, haben das Telegramm aus der roten Parteizentrale hingegen sofort abgefangen und entschlüsselt. Und der Bernaschek, muss ich sagen, Frau Rat, Chapeau! Der einzige Sozi in dieser unübersichtlichen Zeit, in dieser Zeit der herben politischen Enttäuschungen, der wirklich funktioniert hat.

Wir sind also anmarschiert zum Hotel Schiff in Linz, Polizei, Bundesheer, Heimwehr, das halbe Arsenal unserer Terrorbekämpfung. Der Bernaschek hat geglaubt, er kann sich auf Verfassung und Hausrecht berufen. Wir haben also gewaltsam stürmen lassen müssen, der Bernaschek und seine Genossen waren uneinsichtig. Widerstand gegen unsere Staatsgewalt, die legitime. Schießerei, wir waren eh gleich fertig. Den Bernaschek haben wir festgesetzt, der ist dann von seinen nationalsozialistischen Kumpanen befreit worden. Sehr bezeichnend, da haben sich schon die zukünftigen Seilschaften abgezeichnet.

Und dann, eh schon wissen, Frau Rat, diese sentimentale Solidarität bei den Sozis. Überall, wo es ein bisserl eine Industrie und eine noch halbwegs funktionierende Organisation gegeben hat, haben sie sich zusammengerottet und haben geglaubt, sie können jetzt den Staat übernehmen. Eben, wie schon gesagt, kein Staat zu machen mit denen.

In Wien, Neunkirchen, Sankt Pölten, Linz, Steyr, Bruck, Graz, ja sogar in Wörgl. Wollten die Gendarmerie– und Polizeistationen besetzen, haben ernsthaft geglaubt, dass unsere loyalen Sicherheitskräfte und Militärs überlaufen werden. Selbst die Arbeiterverräter in Wien, im Washingtonhof*, einer dieser unnötigen Arbeitersiedlungen mit Wohnklos im noch roten Wien, sind plötzlich aufgewacht. Wenn sie sich jetzt nicht hinter diesen verbrecherischen Aufruhr stellen, haben sie messerscharf geschlossen, verlieren sie den letzten Respekt in der Arbeiterschaft. Hat aber nicht lang angehalten, ihre Courage, dann haben sie sich absentiert in die Tschechoslowakei. Feiglinge. Haben sich unserer grundrechtsgesicherten Standgerichtsbarkeit einfach entzogen.

Der Bauer, das tapfere Offizierlein, sowieso. Einen Tag hat er durchgehalten, dann war er weg. Die wenigen vernünftigen Historiker heutzutage fragen sich nun: Warum denn nur, ist der geflohen? Hatte doch nichts zu befürchten, der Bauer, von uns und unserem Notstandsprojekt! So gut vernetzt, wie der war, hätten wir uns ja gar nicht getraut, ihm etwas zu Leide zu tun. Ein wenig eingesperrt hätten wir ihn allenfalls. Allerhöchstens ein paar Jahre, drei oder vier vielleicht, mehr nicht. Brav, brav, unsere Apologeten, unsere allzeit loyalen Geschichtsschreiber!

Es freut mich ja aufrichtig, Frau Rat, dass die Wissenschaft immer noch auf ausgewiesene Vertreter bauen kann, die unser Notstandsprojekt zu würdigen wissen. Aber, Frau Rat, man soll uns nicht unterschätzen. Unsere effizienten, psychologisch ausgefeilten Ordnungssicherungsstrategien kleinreden! Das rührt an meinem Stolz. So eine Standgerichtsbarkeit hat seine eigene Dynamik. Denn wofür gibt es schließlich uns, das Politbüro des entschuldigenden Notstands? Für die Endkontrolle! Erraten. Der Ausgang eines von uns grundrechtsgesicherten Standprozesses bleibt, vor allem für den Delinquenten, ungewiss. Eine Spannung, die sich frühestens beim Urteilsspruch löst. Enorm generalpräventiv. A priori kann man da gar nichts sagen.

Der Bauer und die anderen roten Aufrührer haben also zu diesem Zeitpunkt noch gar nicht wissen können, ob wir sie wirklich aufhängen werden. Das haben wir ja selbst noch nicht gewusst. Da war doch unsere Willensbildung noch gar nicht abgeschlossen! Der Bauer, der war ja bekannt wie ein bunter Hund, da haben unsere geschichtsgelehrten Strafverteidiger heutzutage auch voll und ganz Recht, mit Verbindungen in alle Welt. Das hätte sicher international die eine oder andere peinliche Nachfrage gegeben, wenn wir den justifiziert hätten.

Aber wer weiß, wie wir dann tatsächlich entschieden hätten? Situationselastisch? Der Stanek*, ich werde zur gegebenen Zeit noch auf ihn zurückkommen, Frau Rat, hätte wahrscheinlich auch nicht geglaubt, wie er grippös im Bett simuliert hat, statt aufrecht und standhaft einen Bürgerkrieg zu bestreiten, dass er schlussendlich noch drankommt. Das war ja das Schöne an unserem Rechtsverfolgungssystem. Der Ausgang war vielfach unvorhersehbar. Das macht die Menschen demütig. Und noch folgsamer.

Wenn wir schon nicht die staatliche Strangulation angeordnet hätten, bei unserem Parlamentskollegen Bauer, schwerer Kerker wär' immer drinnen gewesen. Schwerer Kerker war bei uns Standard, ein einfacher zahlt sich ja gar nicht aus. Bei uns hat Wasser und Brot noch was gegolten, kann ich Ihnen sagen, Frau Rat. Hartes Lager. Fasten am Jahrestag der Ruchlosigkeit, also am 12. Februar und auch gleich am 12. November, dem Gründungstag dieser vermaledeiten Republik. Damit man mit sich selbst und Gott wieder ins Reine kommt. Oder Anhaltelager. Wo auch immer, zwischendurch, zur Auflockerung, ein paar angeordnete, sportliche Kniebeugen. Aber Freiheitsentzug wirklich nur, wenn besondere Milde geboten war. Die Köpfe wollten wir hängen sehen. Dort beginnt der Fisch zu stinken.

Da war die Tschechoslowakei schon das bessere Los, Frau Rat, für den defätistischen Bauer. Da hat er standesgemäß Hof halten können, weil seine abgehalfterten, teilweise sogar arbeitslosen und ausgesteuerten Freunderln, die in unserem Notstandsprojekt verblieben sind, so fleißig für ihn gesammelt haben. Nur Paris, wohin er später weiterflüchten musste, dann halt vor den Nazis 1938, hat ihm nicht so gutgetan. Der Kummer um seine geplatzten Illusionen hat ihm wohl an's Herz gegriffen. Ist dann bald abgekratzt. Nein, verschieden, freilich. Im Herrn.

Drei Tage haben die Aufrührer durchgehalten, dann war diese leidige Angelegenheit erledigt. Leidig, Frau Rat, das ist sicher das richtige Wort. Ich persönlich lehne ja Gewalt zur Durchsetzung politischer Ziele grundsätzlich, kategorisch und auf das Entschiedenste ab. Aber was soll man tun, Frau Rat, mit einem undankbaren Volk, das einen beim nächsten Urnengang einfach wegwählen will? Andererseits war mir dieser vorgezogene, nichtsdestotrotz längst fällige Osterputz des Jahres 1934 im Hause Österreich doch einiges zu kurz. Wir haben kaum Film- und Fotoaufnahmen für unsere Zeitungen und unsere schönen Belangsendungen, vor den Rühr-stücken in den Kinos, in den Kasten gekriegt. Immerhin, ein bisserl was geht sich glücklicherweise immer aus: heldenhafte Gendarmen, heldenhafte Offiziere, heldenhafte Heimwehrführer. Verführte und zerlumpte Aufrührer, brutal dreinblickende Bandenführer.

Wenn wir also diese schmerzvolle, aber notwendige Entfernung einer schwärenden Eiterbeule aus dem gesunden Volkskörper nicht lange genießen haben dürfen, war unser kleiner chirurgischer Eingriff, technisch gesehen, doch schön. Wir hatten da schon lange keinen Krieg mehr gehabt, da ist man als ehemaliger tapferkeits-medaillenüberhäufter Offizier gern auch selbst bei dem einen oder anderen Skalpellschnitt dabei. Oberbefehlshaber, quasi. Da wächst man in seiner, auch eher bescheidene Größen streckenden feschen Kaiserjägeruniform über sich hinaus. Kleiner Mann, ganz groß. Oho!

Gepanzerte Fahrzeuge, endlich auch wieder was zu tun für unsere Haubitzen. Da haben wir hineingepfeffert in ihre Wohnklos! Aber bitte, Frau Rat, immer die Verhältnismäßigkeit gewahrt. Zuerst haben wir angekündigt, über uns're Megaphone: Jetzt schießen wir.

Und unsere Artillerie, da lege ich meine Hand ins Feuer, immer vorsichtig und schonend, beim Pfeffern*. Menschenleben geht vor. Und das Ergebnis kann sich ja auch sehen lassen. Nur elf haben wir letal erwischt, bedauerliche Kollateralschäden. Mein posthumer Pressesprecher hat sie unlängst genau nachgezählt. Vielleicht ist doch noch nicht alles verloren für meinen unsterblichen Ruhm! Vielleicht krieg ich ja sogar mein Ehrengrab wieder.

Die Schuld und die Sühne

Und dann mussten wir natürlich Signale setzen. Signale, Frau Rat! In der Politik ebenso wichtig wie die Optik. Schuld und Sühne. Schon vor dem ganzen Wirbel haben wir uns also zusammengesetzt, der innerste Kreis, und beraten. Was ist jetzt nun wohl zu tun? Unserer Verhältnismäßigkeit angemessen? Federführend ich: Jurist und Führerkanzler.

Neben mir unser braver Justizminister Schuschnigg, oberster Hüter unserer untadeligen Rechtsstaatlichkeit, selbstverständlich auch Jurist. Und, ich glaub, der Neustädter-Stürmer*, selbstredend, Sie haben es erraten, Frau Rat, ebenfalls ein rechtskundiger Kollege, war auch dabei. Überhaupt der Neustädter-Stürmer, ein ganz Ausgefuchster. Der hat dann beim Juli-Putsch 1934, wie sie mich im Bundeskanzleramt arretiert und angeschossen haben, so ungemein geschickt mit den Nazis verhandelt. Und als Sozialminister hat er ohnehin immer das Ohr an der Stimme des Volkes, selbst als degradierter Adeliger immer den proletarischen Bedürfnissen gewogen. Und die Stimme des Volkes hat auch ihm gesagt, dem sozialen Neustädter-Stürmer: keine Gnade.

Und schließlich der Letzte in unserer elitären Runde, der Sicherheitsminister Fey. Zu faul zum Studieren, also nur ein Ange-lernter in der Rechtspflege. Aber als Wiener Heimwehrführer absolut vom Fach. Ein Phänomen. Vom kompetenten Auftreten erinnert mich Ihr gegangener, aber im kollektiven Gedächtnis des dankbaren Volkes weiterhin fest verankerter Innenminister, auf den,

Frau Rat muss ich heute immer wieder zurückkommen, durchaus an den Emil. Beide, Emil und Herbert, so meine ich, von stürmischem Charakter. Aber, Frau Rat: große philosophische Geister, große Visionäre! Freilich, das sind halt auch Kollegen, die es hin und wieder ein wenig emotional überziehen in ihrer sprühenden Tatkraft. Da muss man sie eben, wenn auch nur vorübergehend, ein wenig aus der Schusslinie nehmen. Auch und gerade dann, wenn sie das selbst nicht so recht verstehen.

Und wie wir zu Ende waren mit unseren Beratungen, das Für und Wider der einzelnen, zeitweise durchaus heftig diskutierten Punkte unseres Katharsis-Programms abgewogen haben, haben wir vereinbart, heute würde man wohl sagen, Frau Rat, wir haben uns committet: Jetzt hängen wir ein paar auf. In jedem Gerichtssprengel, wo sie gewirbelt haben, zumindest einen.

Die Spezialkommandos sind gerollt. Wien, St. Pölten, Steyr, Graz und Leoben. Unser verlässlichstes Fachpersonal aus unserem neu- und wohlgeordneten Rechtsstaat haben wir zu Standgerichten zusammengezogen. Die Blüte unserer österreichischen Jurisprudenz. Hohes Berufsethos. Dazu haben wir unseren so verdienstvollen Henker, Johann Lang, dienstlich aktiviert. Der Johann, Spross aus einer Scharfrichterdynastie. Alter Adel, sozusagen. Ist ja auch immer gefördert worden, von unserem mittelalterlichen Zunftwesen, die Überbindung des guten alten Handwerks in traditionellen Familienunternehmen war uns immer ein Anliegen. Den Lang muss ich hier, und ich habe nie übermäßig zum Schmeicheln geneigt, wirklich loben, Frau Rat. Ein wahrer Mann vom Fach.

Tadellos hat es gearbeitet, unser Expertenteam, alles ist wie am Schnürchen gelaufen. Karl Münichreiter*: Prozessbeginn, ruckezuck das übliche Verhandlungsblabla, einige Stunden später: Exodus. Der hat ein wenig Unannehmlichkeiten gemacht, dieser Münichreiter. Ich meine, Frau Rat, für unsere Propagandaabteilung, da haben wir für die öffentliche Meinung ein wenig nachbearbeiten und glätten müssen.

Hat ein paar Kugeln abgekriegt, der Münichreiter, den haben wir zum Galgen tragen müssen. Der Schuschnigg, der damalige Justizminister und mein Nachfolger, hat später erklärt, das Aufhängen vom Münichreiter wäre ein Fauxpas gewesen. Weil, immerhin wäre der krank gewesen, und daher untauglich fürs Exekutieren. Papperlapapp. Seit wann ist eine Verletzung eine Krankheit? Krieg ist Krieg. Wenn man da angeschossen wird, ist man allenfalls ein wenig havariert*, aber niemals krank. Ja, und wo kämen wir denn überhaupt hin, Frau Rat, wenn sich so einer nur wegen einer selbstverschuldeten Verletzung gleich einmal krankschreiben lassen und sich von seiner bürgerpflichtsadäquaten Mitwirkung an der finalen Amtshandlung drücken wollt'? Ich sag' Ihnen, alles Tachinierer*!

Und eines sei dem Schuschnigg nachträglich auch noch ins Stammbuch geschrieben: Wenn einer seine Pflicht tut für ein entschuldbares Notstandsprojekt, so wie wir damals, in unserem verantwortungsvollen Justifizierungskomitee, dann braucht er sich nachher nicht auch noch entschuldigen.

Aber weiter, Frau Rat, in meinem kurzen Überblick: Georg Weissel*, der Feuerwehrkommandant von Wien-Floridsdorf, am 14. Februar der Justiz übergeben. Wenige Stunden später: Exodus. Emil Swoboda*, ebenfalls Wien, ähnlich zügig. Johann Hoys* und Viktor Rauchenberger*, am 16. Februar in das Kreisgericht St. Pölten eingeliefert, Exodus ohne unnötigen Zeitverlust.

Josef Ahrer*, ein arbeitsloser Taugenichts, den wir wegen Mordes in Steyr drangekriegt haben: Prozessbeginn am 17. Februar vormittags, und noch am selben Tag, um 23 Uhr 46 bereits, konnte der Scharfrichter, Franz Wurm, den Eintritt des Todes verkünden. Der Wurm war freilich nur eine Aushilfe, leider die Zweitbesetzung, weil unser guter Johann, der Lang, verhindert war. Zugegeben, der Wurm hat etwas gepatzt. War wahrscheinlich nervös, weil sein Meister Lang ihn, den Lehrling der österreichischen Hinrichtungskunst, nicht psychologisch im Hintergrund stützten und die damit notwendige Ruhe und Sicherheit vermitteln, und ihm, bei Bedarf, auch nicht zur Hand gehen konnte.

Zweiundzwanzig Minuten am Würgegalgen, Frau Rat, das ist, muss ich einräumen, selbst bei einem ruchlosen Aufrührer nicht ganz unproblematisch. Wenn sich da nicht zwei anwesende Polizeibeamte erbarmt und sich mit ihrem ganzen Gewicht an die Beine des Delinquenten gehängt hätten, wer weiß, vielleicht würde der Ahrer heute noch am Würgegalgen würgen.

Für den Bulgari hingegen, in Linz, haben wir uns ein wenig mehr Zeit nehmen können. Den Bulgari haben wir schon am ersten Tag des Aufstandes, also am 12. Februar, eingebuchtet. Bei ihm haben wir, recht entspannt, auf ein früheres Standrecht zurückgreifen können. Das war nicht ganz so erfolgsorientiert und überhaupt noch viel rechtsstaatlicher, da waren bei einer Justifizierung überhaupt keine internationalen Nörgeleien zu befürchten. Und zum Aufhängen wegen Mordes hat's allemal gereicht, beim Bulgari. Wir waren eben immer verhältnismäßig. Im Zweifel immer die gelinderen Mittel, immer nur das Recht, das für den angestrebten Erfolg zugereicht hat.

Der Wallisch*

Aber, Frau Rat, die Steiermark. Die Steiermark, immer schwierig. Bis heute, glaub' ich. Nehmen Sie nur die Politik. Ein gallisches Dorf. Eine Marxistenhochburg. Da gibt's im ganzen Land keine Kummerln mehr, und in Graz halten sie sich wie der Schwarzschimmel in einer schlecht gelüfteten Waschkuchl. Und auch verfassungsstaatlich nicht unproblematisch, bis heute nicht, die Dunkelroten. Ich weiß nicht, Frau Rat, ob die ihren Traum einer Diktatur des Proletariats wirklich abgeschrieben haben. Eine glaubwürdige, für stimmige Geschichtsbilder so unverzichtbare Distanzierung von ihren realsozialistischen Völkerkerkern sieht anders aus. Ich glaub unsere bürgerlich-liberale Demokratie ist wieder einmal in Gefahr!

Ich weiche ab, Frau Rat, jetzt aber weiter, und zwar fokussiert: In Leoben, als Sitz des Gerichtssprengels für Bruck an der Mur zuständig, ist immerhin der Kandidat festgestanden. Koloman Wallisch, unser Veteran aus der ungarischen Rätediktatur. Wer, wenn nicht er? Gerader Kerl, muss ich zugeben, schon in unserem gemeinsamen Krieg. Offenes Visier, komme da, wer da wolle. Hat keine Anständ' gemacht vor dem Feind. Tapferkeitsmedaillen für unseren Kaiser im Weltkrieg, fast so viel wie ich selbst. Besser wär's freilich gewesen, er wär' gefallen fürs Kaiservaterland, der Wallisch. Das wär' immerhin ein ehrenvollerer Abgang gewesen.

Wie's dann zum Wirbeln angefangen haben, seine Aufruhrspezialisten vom Republikanischen Schutzbund am 12. Februar, ohne dass er es ihnen explizit erlaubt hat, und er dennoch hinaufgefahren ist von seiner Landesparteizentrale in Graz nach Bruck, wie er es zuvor übermütig versprochen hatte, hat er, der im Krieg schon alles gesehen hat, die Lage völlig nüchtern eingeschätzt: Das ist organisierter Selbstmord, soll er gesagt haben. Selbstmord sicher, da geb' ich ihm recht, Frau Rat. Organisiert eher weniger.

Andererseits, wer wär' sonst in Leoben drangekommen? Der Ruß*, stellvertretender Schutzbundkommandant? Der hatte die effektive Befehlsgewalt. Seinen Chef in Bruck, den Lackner*, haben wir ja schon zuvor präventiv in Schutzhaft genommen. Schutzhaft kann, wie wir hier sehen, durchaus auch einen vor sich selber schützen. Was mag sich so einer wie der Ruß wohl gedacht haben, Frau Rat, wie er im Jumbus* gesessen ist? Und gegrübelt und gegrübelt hat, erheblich verunsichert, wie ich vermute, was wir jetzt mit ihm machen. Der hat sicher gewusst, wenn wir den Wallisch fangen, schaut's besser aus für ihn. Dann hat sein Gnadengesuch vielleicht eine Chance, dann hängen wir den Wallisch. Vielleicht genügt uns ja einer, wird er gegrübelt haben, für Leoben. Andererseits, der Wallisch war sein Freund. Wenn sie ihn also hängen statt ihm, dann wirft er sich das womöglich ein Leben lang vor. Und seine Parteifreunde, nicht offen freilich, aber immer wieder versteckt und verhohlen, sicher auch. Muss ein wahres Dilemma gewesen sein für den Ruß, stelle ich mir vor.

Aber, na, was, Frau Rat, zerbrechen wir uns da nachträglich den Kopf von einem Herrn Ruß? Sein Dilemma, nicht unseres. Wir haben ihm nicht angeschafft, dem Austrobolschewiken, Land und

Volk zu terrorisieren. Das hat er sich schon alles selbst eingebrockt. Da muss man dann halt auch die Konsequenzen tragen.

Bei allen Verdiensten, die ich dem Wallisch ja gar nicht absprechen möchte, was hat uns dieser Mann jahrelang sekkiert! Bis aufs Blut. Immer hat er was wollen, und immer so laut. Und der Wallisch hat sich auch der Gerechtigkeit entzogen. Ein völlig klares, eindeutiges Schuldgeständnis. Ist mit seinen sauberen Freunderln in das steirische Randgebirge gezogen, enorm viel Schnee in diesem Februar 1934, da sind selbst unsere sonst so marschtüchtigen Gendarmen hängen geblieben, mit ihrem ganzen Koppelzeug. Immerhin, den Fluchtweg zu unserem jugoslawischen, auch schon notstandsgerecht geordneten Freundfeind im Süden, haben wir dem Wallisch abgeschnitten. Jetzt haben wir nur noch warten müssen, bis die Ratte ihr Loch verlässt.

Aber nun, Dilemma, Frau Rat! Ausnahmsweise unser Dilemma. Selbst nach unserer, so innovativ neugestalteten Rechtsstaatlichkeit hätten wir an sich das Standrecht aufheben müssen und den Wallisch gar nicht hängen dürfen. Die Kämpfe waren längst vorbei. Alles ruhig. Viel zu sehr, nach meinem Geschmack, wenn ich das nochmals anmerken darf. Und die demokratischen Weicheier in Paris und London haben auch schon Druck gemacht. Die waren ohnehin hoch sensibilisiert, weil sie unser entschuldbares Notstandsprojekt völlig missinterpretiert haben. Selbst über den Vatikan wollten sie für diesen gottlosen Austromarxisten intervenieren. Aufheben, das Standrecht! Endlich Schluss mit der Galgenorgie, hat diese selbstsame Arbeitsgemeinschaft für Gutmenscherei vielstimmig gefordert. Die politischen und rechtlichen Voraussetzungen seien endgültig weggefallen.

Aber, Frau Rat, der Wallisch war uns wichtiger als die ganze westliche Hemisphäre. Unsere wahren Freunde waren anderswo, immer loyal und im Geiste bei uns. Der Mussolini, der Horthy*, vielleicht gar auch noch der Piłsudski*.

Den früheren, von den Kelsens so adorierten Rechtsbestand haben wir ja ohnehin bereits etwas reduzieren müssen, wie ich schon anklingen hab' lassen. Vor allem die in unserem entschuldbaren Notstandsprojekt nicht mehr vertretbaren Grundrechte. Abwehrrechte gegen den übermächtigen Staat? Wofür, Frau Rat, sollte man so etwas brauchen? Früher vielleicht zuweilen nützlich, wenn man selbst zu den Trögen kommen will. In einem entschuldbaren Notstandsprojekt, absolut entbehrlich. Sie, Frau Rat, tun mir ja richtig leid, mit all den juristischen Falltüren zugunsten eines völlig überzogenen Täterschutzes.

Ich sage nur ein Wort, Frau Rat, das nicht nur mir in diesem, nach hermetisch abgeschlossener Sicherheit dürstenden Land, die Grausbirnen* aufsteigen lässt: Europäische Menschenrechtskonvention. Jetzt reichen unsere verlässlichen Höchstgerichte wohl nicht mehr, jetzt kann jeder Dahergelaufene bis nach Straßburg laufen und ein *fair trial** einfordern. Da bringen's ja keinen mehr zum Hängen, Frau Rat, wenn der ständig, vor oder in der Haft, querulieren kann. Vielleicht wechseln Sie einmal ein paar klärende Worte mit Ihrem nun leider, hoffentlich, wie schon gesagt, nur vorübergehend abgetretenen Innenminister. Der weiß, wie Sicherheit geht. Und hören Sie nicht immer auf Ihre Richtervereinigung*. Ist ja schon fast eine marxistische Gewerkschaft. Pfui Teufel, bei allem Respekt, Frau Rat.

Der Pflock

Wir haben also jetzt, Frau Rat, nicht mehr so viele Normen gehabt, die uns belasten hätten können, aber zum Ausgleich haben wir uns gesagt: Die, die wir halt noch haben, haben müssen, leider, die wenden wir jetzt flexibel an. Bewegliches System, mit diesem rechtsphilosophischen Begriff haben wir sogar den innovativsten Rechtswissenschaftlern Ihrer aktuellen, reaktionären Systemzeit vorgegriffen.

Wir haben beschlossen, wir halten das Standrecht aufrecht, bis wir ihn haben. Den Wallisch. Dummerweise hat die Funz'n* von Schriftführerin im Ministerrat das auch noch protokolliert. Ein aufgelegter Elfmeter für die linksliberalen Geschichtsschmierer im wieder errichteten, aktuellen Altsystem. Die haben dann die Protokolle natürlich gefunden, wie sie geschnüffelt haben in den Archiven. Schlecht für unser Ansehen nach 1945. Da tun sich jetzt selbst unsere unverbrüchlichsten Adoranten, wie bevorzugt ehemalige Klubobleute und Nationalratspräsidenten Ihrer neuen bürgerlichen Sammelpartei, schwer, mit einer halbwegs glaubwürdigen Gegenerzählung. Na, selbst die jahrzehntelange Standfestigkeit ihres Tiroler Schützen, dieses gewesenen, so wackeren Parlamentspräsidenten* mit seinem so erfreulich weit gezogenen Verfassungsbogen, bislang ebenso loyal wie faktenresistent auf der Bastion der Erinnerungshoheit, möchte ich sagen, scheint mittlerweile in seinem Glauben an das Gute erschüttert.

Seitdem weiß ich, Frau Rat, jedes Schriftl is a Giftl. Justizmorde überhaupt, und Justizmord vor allem an Wallisch, haben sie hämisch behauptet, die schmierigen Geschichtsschmierer. Justizmord sei das gewesen, selbst nach den Kriterien unseres neu aufgesetzten Gerechtigkeitsstaates. Und dazu auch noch aus niederen Gefühlen, haben sie selbstgerecht angefügt. Weil, nachtreten, das geht immer bei denen. Niedere Motive, wie die jetzt geschwollen daherreden. Aufhängen wollten wir ihn halt, den Wallisch.

Und wie uns dann schon, Frau Rat, ein wenig fad wird, mit unserem Standrecht, holt sich endlich einer das ausgesetzte Kopfgeld ab. Ein Autobuschauffeur. Wenn die Stehzeiten haben, ist ihnen fad und schauen blöd in der Gegend herum. Der Wallisch ist erkannt und wird festgesetzt. Kurzer Prozess. Und schließlich der Showdown. Hervorragendes Skript, geradezu perfekt durchorchestriert.

Unser Fachpersonal, allerdings, leider, muss ich sagen, hat ein wenig geschwächelt, zwischendurch hab' ich anrufen und nachfragen lassen müssen, ob denn unserer Elite der österreichischen Rechtspflege die höchstgerichtliche Judikatur zur Weisungsunfreiheit eines Standgerichts nicht geläufig ist. Und ob s' mit dem Wallisch endlich durch sind. Bitte, Frau Rat, was hätte ich sonst tun sollen? Ich bin ja schon auf Nadeln gesessen. Alles, die ganze Welt, hat nur noch auf den Wallisch gewartet. Wir wollten den leidigen Punkt Bürgerkrieg endlich in unserer umfassenden Agenda abgearbeitet und erledigt abhaken.

Auch soll sich, so die beunruhigende Legende, kein Holzfachbetrieb in der Region gefunden haben, der den Galgen zimmert. Dem einen sagt man, soll ein bisserl Muffensausen* gegangen sein, weil Aufrührer immer revanchistisch sind. Da weiß man ja nie, welche Gemeinheiten denen einfallen, sollten sie doch einmal ans Ruder kommen. Denn vielleicht, unwahrscheinlich, aber möglich, haben diese opportunistischen Bedenkenträger wohl überlegt, könnten auch die Demokraten wieder einmal gewinnen. Da hat man dann vielleicht einen Erklärungsbedarf, wenn man einen Galgen für einen verdienten Wegbereiter in die demokratische Zukunft gezimmert hat.

Und andere, da hab' ich mir mehr Sorgen gemacht, hätten sogar gemeint, gar so schlimm war der ja gar nicht, der Rätediktaturrenegat. Hätte auch einmal einen Bauern oder Keuschler oder sogar einem Greißler geholfen, weil bei den Behörden hätte der sich gut ausgekannt. Richtig kompetent sei der gewesen, juristisch angelernt. Da sehen Sie's, Frau Rat, wie der seine Beziehungen ausgenützt, wie der sein Amt missbraucht hat. Als Landesparteisekretär, als Landtags- und Nationalratsabgeordneter. Immer hat er irgendwem geholfen, irgendwen protegiert. So waren sie halt, diese Herren. Die sogenannten rechtstreuen Bonzen. Wo's nur irgendwie gegangen ist, korrupt.

Und da haben unsere zimperlichen Zimmerer gesagt, machen wir ihm kein Schafott, dem Wallisch. Dankbarkeit, Frau Rat, darf man sich eben nicht erwarten, von diesem Pack. Ich frag mich ohnehin, für wen ich mir so den Arsch aufgerissen habe. Sie verzeihen, Frau Rat, die für einen Verehrer der Sprachkultur eher ungewöhnliche Rede, aber diese Unverschämtheit hat mich empört. Ich frag' mich also, für wen ich unsere hohe Kultur, unsere Werte verteidigt habe. Da haben wir all unsere notstandsbedingten

Gestaltungsräume genützt und unsere Unternehmer von den gewinnmindernden Kollektivverträgen und Sozialversicherungsbeiträgen entlastet. Da haben wir ihnen endlich das Führerprinzip auch in ihren Betrieben umgesetzt, damit sie gegen unqualifiziertes Zurückmaulen der beschäftigten Individuen, offenen Widerspruch gar, konsequent und bürokratiebefreit durchgreifen können. Und die bauen einem nicht einmal einen Galgen!

Aber wir waren auch enorm kompetent beim Improvisieren. Haben wir auch können, in unserem entschuldbaren Notstandsprojekt. Wichtig nur, dass der Faden in der Hand bleibt, und, wie in diesem Fall, als Würgestrick an einem Pfosten festgezurrt werden kann. Den haben unsere Strafgefangenen im Kreisgericht Leoben in den Boden gerammt.

Die Situation endgültig gerettet hat dann wieder einmal unser Henker, der Johann. Allerdings, wenn ich noch einmal nachdenke, ganz sicher, Frau Rat, ob das beim Wallisch tatsächlich unser probater Johann Lang war oder doch einer unserer angelernten Aushilfshenker, der Spitzer, kann ich Ihnen nicht sagen. Lang oder Spitzer, das zeigt nur, wie dicht die Personaldecke in unserem entschuldbaren Notstandsprojekt war. Die allerfähigsten Geister haben wir für unsere Bewegung, für unsere Administration gewinnen können. Fiel einer aus, sprang einer aus der zweiten Reihe, in der Kompetenz ebenbürtig, in die Bresche. Ob nun der Lang oder der Spitzer, das war für den Wallisch gewiss einerlei. In jedem Fall wurde er fachgerecht betreut.

Aber ich vermute, es war doch der Lang. Unser bewährter Johann. Der Allerbeste. Und der ist schon ein wenig ungeduldig geworden mit dem Wallisch. Denn der Wallisch hat kurz vor seinem Erwürgen noch ein unnötiges Geschrei erhoben. *Freiheit*, hat er gerufen. Und noch einmal: Freiheit! Ich bitte Sie, Frau Rat, was soll das für eine Freiheit sein? Die Freiheit von einem Wallisch? Es kann in der Welt, und vor allem in einem entschuldbaren Notstandsprojekt, nur eine Freiheit geben, Frau Rat: Die Freiheit, die wir meinen.

Der Lang also, in seiner menschenfreundlichen Geduld doch auch einmal am Ende, macht diesem unnötigen, pathetischen, um nicht zu sagen peinlichen Ärgernis ebenfalls ein Ende. Und hängt den Wallisch an den Pflock. Nachdem der hippokratisch Beeidete nach ein wenig Strampeln des Delinquenten, das ist üblich, Frau Rat, Sie sind da ja nicht so vom Fach, den Tod festgestellt hat, verneigt er sich, der Lang, vor der noch nicht recht kühlen Leiche und erklärt feierlich: *Bei Ihnen, Herr Wallisch, war es mir ein ganz besonderes Vergnügen.* Was soll ich Ihnen sagen, Frau Rat, ein wahrer Gentleman. Unser Lang eben. Ein Mann der alten Schule. Da sagt man immer, solche Kavaliere sterben aus. Mitnichten.

Würd' ich heute unsere kathartische Signalsetzung gesamtbeurteilen müssen, haben wir auch den Wallisch nicht lange im Ungewissen über sein Schicksal belassen. Wenn ich mir den Tag seiner Justifizierung so in Erinnerung rufe? Es war der 19. Februar, ich erinnere mich noch, es war saukalt. Einheizen, hab' ich meiner Frau noch gesagt. Die Verhandlung mit dem Wallisch haben wir um halb drei am Nachmittag begonnen, die Todesstrafe um dreiviertel neun abends verkündet. Zwischendurch, ich geb' es zu und hab es hier schon zu Protokoll gegeben, sind mir Zweifel an der Verlässlichkeit unseres Fachpersonals gekommen. Wer weiß, vielleicht verdreht der Wallisch mit seiner schalmeienden* Rhetorik auch noch einem Standgericht den Kopf. Und sie lassen ihn fahrlässig aus. Aber, alles rechtens, alles gut gegangen.

Einen halben Liter Wein hat er sich noch bestellen dürfen, der Wallisch, vor seiner Justifizierung. Getrunken hat der ja sonst nie was, Frau Rat, aber in dieser brenzligen* Situation hat er sich wohl gedacht, mit einer geschmierten Gurgel läuft's auch am Galgen besser. Um dreiviertel zwölf ist er dann dem Scharfrichter übergeben worden, der ist, wie schon erwähnt, schon ein wenig auf Nadeln gesessen, wie ich. War ja schon spät in der Nacht, da wollt' er schon, der Lang, auch einmal schlafen gehen. Als Arbeitgeber hat man da Verständnis. Der Wallisch aber war grantig, vielleicht ist ihm auch der Wein in den Kopf gestiegen. Na, soll er gesagt haben, Sie werden's wohl noch erwarten wollen. Exitus dann um 23 Uhr 52. Rechnen wir nach, Frau Rat. Von 14 Uhr 30, Prozessbeginn, bis 23 Uhr 52, das sind exakt neun Stunden und zweiundzwanzig Minuten. Das kann sich wahrlich sehen lassen.

Die angenehmen Gefühle

Wenn Sie sich das mit der Todesstrafe doch noch einmal überlegen wollen, Frau Rat, als historischer Vorkämpfer der Zivilisation will man in diesem Punkt die Hoffnung nie aufgeben, exhumieren Sie sich den Lang. Da sind Sie immer auf der sicheren Seite. Vielleicht auch hier ein paar Worte mit ihrem verflossenen, aber zukunftsorientierten Innenminister gewechselt, der scheint mir in seiner Kompetenz und Weitsicht für alles, gewiss auch für das Bohren dieses harten Brettes, aufgeschlossen. Da darf es keine Denkverbote geben.

Man muss es ja nicht so übertreiben, wie dann der Hitler später. Hängen, köpfen, erschießen, vergasen am laufenden Band. Da wird ja die ganze Welt rebellisch. Wir waren da viel zurückhaltender, empathischer. Nur punktuell. Hin und wieder mal einen. Zwischendurch ein generalpräventives* Zeichen setzen, für das rechtstreue Gemeinwesen. Ein Zeichen, das immer Respekt verdient. Für die einen abschreckend und gruselig, für die anderen vielleicht sogar eine willkommene Ablenkung von den Sorgen des Alltags. Also auch gruselig, ein wohliger Schauer am Rücken.

Der Onkel vom Johann Lang, der Josef Lang, der war im Übrigen auch Scharfrichter. Ja, Frau Rat, man kann sagen, der war der österreichische Doyen der Henkerszunft, der Henker schlechthin. Nicht nur so überaus kompetent als Scharfrichter war er, der Onkel vom Johann, sondern auch voller Humor und Lebensfreude. Ich seh' ihn noch vor mir, wie er herausgestrahlt hat aus dem Erinnerungsfoto, das sie 1916, mitten im Krieg, in Trient geschossen haben. Da hat er, der Josef, gerade tadellos den Cesare Battisti* an den Block gehängt. Der Battisti, ein italienischer Reichsratsabgeordneter, der geglaubt hat, er kann landesverräterlich überlaufen zu seinen katzelmachenden* Freunderln, als uns Italien heimtückisch den Krieg erklärt hat.

Das Bild, Frau Rat, wird mir bleiben. Er, der Josef, nur sein Kopf über dem Block und dem gerade erlegten Delinquenten, die Backen feist, so herzhaft und herzensgut, darunter freudig erregt, dem historischen Anlass entsprechend festlich gekleidet, mit fototechnisch einwandfrei gezogenen Mienen: die zur Justifizierung geladenen Honoratioren. Weidmannsheil!

Diese Glanzleistung österreichischer Scharfrichterkunst, Frau Rat, hat sogar mein Freund Karl Kraus* in den *Letzten Tagen der Menschheit* würdigen müssen. Der Kraus, wenn Sie mir diese Anmerkung erlauben, der Kraus war nur der Kraus. Das war dem genug. Ein Wort nur, dazu, sozusagen *out of records*. Was uns der immer gepflanzt hat, in seinen *Fackeln*, nix haben wir ihm recht machen können. Die letzten Tage der Menschheit, so ein Gesuder, als ob ein Weltkrieg schon eine Apokalypse wär'. Und den Schober, unseren untadeligen Wiener Polizeipräsidenten, hat er überhaupt gleich aufgefordert, abzutreten. Nur weil der ein wenig hineinschießen hat lassen, 1927, in die marodierenden Brandstifter vor dem Justizpalast, was soll er denn sonst tun, so ein Polizeipräsident, damit sie sich etwas beruhigen? Hat immer so einen aufgesetzten Humanismus heraushängen lassen, der Kraus, sein Moralingehalt hatte immer etwas unangenehm Jakobinisches*.

Na und dann, Frau Rat, große Überraschung! Dann hat er recht viel weinen müssen, der Kraus, um mich, wie ich einige Monate nach dem Februaraufruhr, im Juli 1934, zum Märtyrer verblichen bin. Weil er ehrlich erkannt hat, der Kraus, dass nur ein notwehrtaugliches Notstandsprojekt seinen Humanismus zuverlässig schützen kann. Und da sage ich, Frau Rat, nachtragen tu ich dem Kraus nix. Man kann auch gescheiter werden im Leben. Und man soll uns eben an unseren Taten messen.

Der Würgegalgen ist dem Onkel Lang, wenn ich auf den wieder zurückkommen darf, über alles gegangen. Wissenschaftlich fundiert hat er sich mit ihm beschäftigt. Die angelsächsische Falltürtechnik hingegen hat er, der ausgewiesene Humanist, als nahezu unbrauchbar erkannt. Fallen, ein letztes kurzes Gefühl der unbeschwerten Freiheit, dann im besten Fall Genickbruch. In jedem Fall aber: Leiden. Der österreichische Würgegalgen hingegen, was sag' ich Ihnen, Frau Rat, eindeutig überlegen.

Ob der Josef seinen Johannneffen bei dessen Freisprechung* die letzten Geheimnisse der Zunft, den Traditionen entsprechend, ins Ohr geflüstert hat, entzieht sich meiner Kenntnis. Vieles spricht aber dafür, dass es so gewesen sein muss. Wie auch immer, Handwerk hat goldenen Boden. Das kann bei der Henkerszunft gar nicht anders sein. Mit so einem Handwerk steht man sein Leben lang mit beiden Beinen fest auf der Erde, unerschütterlich in der Welt. Ich mein', der Zunftbruder halt. Der Kunde weniger. Bei dem ist es viel mehr für einen unbeanstandbaren, gewährleistungsfesten Werkerfolg unabdingbar, dass die Beine frei und unbeschwert in der Luft baumeln.

Die vielfach erprobte Technik des Hängens, die österreichische Zunfttradition, habe ich mir in jedem Detail erklären lassen. Schlinge um den Hals, Trittbrett weg, zwei Gehilfen an die Schultern des Delinquenten gehängt. Und dann, Frau Rat? Ein letztes, angenehmes, geradezu männlich geprägtes Gefühl der Freude, das den Justifizierenden durchströmt. Der Onkel Lang soll es an sich selbst ausprobiert haben. Gott sei Dank hat er rechtzeitig abgebrochen, sonst wäre mit ihm, dem Maestro, diese erlesene österreichische Scharfrichtertechnik der Wissenschaft wohl auf ewig verloren gewesen.

Möglicherweise hat der Wallisch in seiner letzten Minute ob der traumfeuchten Wärme, die aus seinem Unterleib aufgestiegen sein mag, seine Frau Paula gar nicht so sehr vermissen müssen. Die haben wir ja, hysterisch wie sie war, aufgrund des kurz bevorstehenden, amtlich dekretierten Hinscheidens ihres geliebten Gattens, mit einer Barbituratsspritze etwas beruhigen müssen.

Später hat sie's dann abgestritten, die Paula, die Bolschewikenbraut, das mit dem Beruhigungsspritzerl. Wie sie dann alle wieder aus ihren Löchern gekrochen sind, die wir nicht erwischt, oder, nachlässig wie wir waren, pardoniert haben. Wie sie ihre Heldenepen geschrieben haben, dann später, wie sie wieder können haben, die Ungeraden, ihre abgeschmackten Proletenpassionen zum Besten geben. Eine Abschiedsszene hat sie sich in die Memoiren geschrieben, die Paula Wallisch, voll Herz und Schmerz, die spielt alle Stückerl. *Ein Held stirbt*, hat sie das Rührstück übertitelt. Der Held, das war freilich ihr Mann, der Koloman. Voller Edelmut habe er sich aufgeopfert, nur für das Proletariat. Richtig aufdringlich ist sie geworden, die Paula, als Abgeordnete, als man ihr das unnötige Parlament dann wieder aufgesperrt hat, mit ihren Vergangenheitsbewältigungsneurosen. Kennen wir alles, Frau Rat, kennen wir alles. Die G'schichterl kennen wir: eine starke Frau hinter einem starken Mann. Dass ich nicht lache. Gewimmert hat sie um ihr bisserl Mannsbild, damals im Kreisgericht Leoben.

Die Frauen, Frau Rat, haben wir ja immer geschont. Obwohl die eine oder andere sich das Hängen schon redlich verdient hätte. Die Paula zum Beispiel hätt' in treuer, ehelicher Eintracht trefflich an die Seite ihres Mannes gepasst. Weil die Wallisch, die hat mit den anderen Brucker Flintenweibern die Rebellen mit Essen und Munition versorgt. Kundschafter gespielt. Verwundete verbunden und getröstet. Was die Weiber halt so treiben im Krieg. Ein paar Monate eingesperrt haben wir sie dafür, nicht mehr. Wir waren eben, hab' ich das schon erwähnt, Frau Rat?, Kavaliere.

Das Unrecht des Gedenkens

Aber grad die Justifizierung vom Wallisch zeigt, wie ungerecht die Geschichte sein kann. Gleich nach seinem unrühmlichen Ende haben wir ihn vergraben, wie einen Hund, in ungeweihter Erde. Dass er mir, der ehemalige Ministrant, nicht auch noch aufersteht, womöglich, als Konkurrenzmärtyrer. Verscharrt bei Nacht und Nebel, am Zentralfriedhof in Leoben. Besseres hat er sich, in

Anbetracht seines Lebenswandels, auch wahrlich nicht verdient. Später haben sie ihren Helden dann umgebettet und unter ein Gedenkmonument in Bruck gelegt. Mit seinen Mitstreitern. *Den Verteidigern der Demokratie*, haben sie drübergeschrieben. Auch ein Renommee! Wie sie den Wallisch überhaupt gefunden haben, Frau Rat, auf dem Friedhof in Leoben, ist mir heute noch ein Rätsel. Ich hab' doch die Leich' eh so gut versteckt.

Liegt also heute noch in einem Ehrengrab, der Wallisch. Im Februar 2019 wär' er hundertdreißig Jahre alt geworden, da hat's eine große Feier in Bruck gegeben. Spitzenpolitiker haben parliert, gekaufte Geschichtsschmierer historische Würdigungen tränenreich dem Volk, das Seinesgleichen ohnehin nicht mehr hören und sich kaum wehren kann, aufgedrängt. Dazu Arbeiterlieder, die ich schon vor unserem entschuldbaren Notstandsprojekt so unendlich peinlich empfunden habe. Dass die wieder zugelassen sind, Frau Rat? Ein Skandal an sich. Nicht nur für die Musikpflege.

Das Gewerkschaftshaus bummvoll, ein riesen Remmidemmi*. Das ganze Tamtam*! Und ich, Frau Rat? In zwei Jahren, 2022, bin ich, der Märtyrer, hundertdreißig. Und was wird sein? Nicht einmal meine Freunde in meinem Devotionalenmuseum in Texing werden sich trauen, da groß etwas zu machen. Vielleicht haben Sie es bemerkt, auch wenn nichts, absolut nichts darüber in den Medien gestanden ist: Selbst im Juli 2019, aus Anlass meines rundgejährten Märtyrertodes, hat nur ein versprengtes Häuflein, ein letztes Aufgebot meiner Allertreuesten, zu meiner Grablege gefunden. Nach Hietzing, wo ich wohl wieder ruhen werde, vergessen gar, nachdem Sie mich freigesprochen haben, Frau Rat.

Mit besonderer Kränkung habe ich schon vor einigen Monaten erfahren, dass unsere Quatschbudenbespieler vor einigen Jahren bereits ein sogenanntes Aufhebungs- und Rehabilitierungsgesetz beschlossen haben. Rehabilitierung, Frau Rat? Nicht für uns, sondern für die Ungeraden! Das sei Unrecht gewesen, dass wir sie eingesperrt haben, und des Landes verwiesen, und gefoltert und gehängt. Ja was soll denn das heißen, Frau Rat? Wenn wir kein

Recht gehabt hätten, sie aufzuhängen, die ganze Mischpoche*, dann wären wir ja überhaupt Mörder. Welch eine völlig sinn- und respektlose Umwertung all unserer Selbstverständnisse.

Hier sieht man einmal mehr, worauf es hinausläuft, wenn man ein Parlament beschließen lässt, was ihm grad so einfällt. Und es nicht rechtzeitig auflöst, wenn es die Orientierung verliert. Sogar mein Büdl im Parlament haben sie abgehängt. Wo ich doch für gute zehn Jahre dafür gesorgt habe, dass der Plenarsaal nicht ganz so abgenützt wird. Dass sie das Bild nun, und angeblich nur vorübergehend, als Leihgabe in mein Heimatland Niederösterreich verfrachtet haben, will mich nicht so recht trösten, Frau Rat. Wer weiß, wie lange es dauert, bis es wieder zurückkommt?

Was ist denn mir, und unserem Notstandsprojekt, an Dank und Anerkennung schon verblieben, Frau Rat? Ein paar Devotionalientafeln für unsere alten Kämpfer in der Votivkirche in Wien, ein paar versprengte Marterl in der Provinz, in irgendeinem Osttiroler Talschluss, die Engelbertkirche auf der Hohen Wand. Und die vielen Schilder auf Straßen und Plätzen in ganz Österreich mit meinem schönen Namen: *Dr. Engelbert Dollfuß?* Die hat mir der Hitler, nach dem Anschluss 1938, pietätlos geraubt und sich dann selbst draufgeschrieben. Die haben sie mir alle nicht zurückerstattet, wie der Hitler wieder weg war. Gerade mal ein Platzerl in der allzeitgetreuen Stadt Mank ist mir, soweit ich dieses Elend überblicke, verblieben. Auch ich, Frau Rat, bin ein Restitutionsopfer!

Und ein Vizekanzler Mitterlehner*, vor nicht allzu langer Zeit, und da möchte man glauben, so einer steht zu unseren Traditionen, meint, die Österreichische Volkspartei müsse sich, als eine nach 1945 neu gegründete bürgerliche, ja sogar demokratische Kraft, eindeutig von unserer Diktatur distanzieren. Sogar ihr derzeitiger Wieder-kanzler, immerhin endlich, nach so langer Zeit des politischen Dürstens, ein gestandener Konservativer, verbittet sich jeglichen Vergleich mit mir. Er sagt, das wär' eine Geschmacklosigkeit. Fragt sich nur, für wen, Frau Rat.

Der Stanek*

Dann auch noch Graz. Graz, noch viel schwieriger als Leoben, Frau Rat. Da haben wir einfach keinen gehabt zum Aufhängen. Also ist uns der Stanek* empfohlen worden. Als Sozialversicherungsfunktionär und Rechtsschutzsekretär der Arbeiterkammer war er schon per se für den Galgen geeignet. Und dazu Schutzbundobmann. Aber, was macht der Stanek? Hält eine Rede in einer von den Rebellen besetzten Wachstube in der Grazer Hackhergasse, gar nicht schlecht. Das mein ich jetzt gar nicht nur rhetorisch. Ganz in unserem Sinne, ein Bürgerkrieg braucht schließlich Begeisterung auf beiden Seiten. Recht anfeuernd, seine Rede, ist zu vermuten, zumindest waren die später einvernommenen Zeugen begeistert.

Aber dann? Geht er nach Hause und legt sich ins Bett. Grippe, angeblich. Nicht einmal unser investigativ so hervorragend geschultes Fachpersonal hat dem Stanek definitiv nachweisen können, überhaupt eine Waffe in die Hand genommen zu haben. Schutzbundobmann ohne Waffe, wo gibt's denn so etwas? Der Mann hat wohl nicht gedient. Solche Leute, solche Versager, Frau Rat, ich hab' meinem Ärger heute schon mal Luft gemacht, glaube ich, taugen nicht einmal zum Bürgerkrieg.

Aber, wir haben dringend einen gebraucht zum Hängen. Der Gerichtssprengel Graz war ja noch vakant. Also doch der Stanek. Aufgrund der, wie gesagt, nicht unschwierigen Beweis- und Rechtslage haben wir uns in dieser Causa ein wenig mehr Zeit nehmen müssen als üblich. Beginn der Verhandlung am 16. Februar, eine definitive Erledigung mit Exitus erst am 18. Februar, unmittelbar nach fünf Uhr früh. Keine Glanzleistung, aber man kann, drücken wir mal ein Auge zu, das schon noch als akzeptabel durchgehen lassen.

Für mich persönlich sehr enttäuschend, Frau Rat, das Auftreten seiner Frau. Der Frau Stanek. Nicht ein bisschen wollte die etwas lethargische Dame zur potenziellen Rettung ihres Mannes beitragen. Einer von den Gstudierten hat dann später gesagt, das wär' die Angst gewesen. Ich bitte Sie, Frau Rat, da muss man doch keine Angst haben vor unserem Fachpersonal, wenn man nichts zu verbergen hat. Die Psychologie, haben sie gesagt, die Gstudierten, sei schuld, dass sie sich der Wahrheitsfindung verweigert hat, die Frau Stanek.

Ich mein', Frau Rat, wenn wir damals eine Psychologie gehabt hätten, damals in den Dolomiten, wie wir in's Fleimstal hinunter geschossen haben mit unserer Maschinengewehrbatterie, unter meinem heldenhaften Kommando, aus der Dollfuß-Scharte, etwas ist ja doch noch geblieben von meinem Ruhm, auf die italienischen Verräter: Dann wär' der Krieg schon 1915 zu Ende gewesen und damit hätte sich wohl auch unser heroischer Opfergang für's Vaterland, den wir für unsere geschlossene Notstandserzählung später so dringend gebraucht haben, ebenfalls unbrauchbar verkürzt. Wie auch immer, Frau Rat, die Frau Stanek hat sich der Aussage entschlagen. Ja sicher, g'nutzt hätte ihre Aussage nix, aufgehängt hätten wir unseren grippösen Schutzbündler trotzdem. Aber dass sie nicht ausgesagt hat, dass sie nicht gekämpft und ihr letztes Herzblut gegeben hat für ihren geliebten Gatten, das hat den Stanek sicher ins Herz getroffen. Das versteht man als Mann. Vielleicht hat der Stanek in seiner letzten Stunde gar glauben müssen, sie ist jetzt bös' auf ihn, seine geliebte Frau. Oder treulos.

Wie sie ihn dann im Morgengrauen, ganz nach Vorschrift, gehängt haben, hab' ich immer wieder denken müssen an ihn, den Stanek, wie ich am Schreibtisch meine üblichen Verfügungen unterschrieben habe. Sie machen sich ja keine Vorstellungen, Frau Rat, wie viel Bürokratie so ein entschuldbares Notstandsprojekt, vor allem so ein konsequenzenreicher Bürgerkrieg, mit sich bringt. Sicher, wir alle haben unsere Pflicht zu tun für unser Vaterland. Da darf man sich nicht anmerken lassen, was in einem vorgeht. Immer tough, wie man heute sagen würde. Aber, ich versichere Ihnen, Frau Rat, wir alle haben auch einen weichen Kern. So ein Märtyrerkanzler ist eben auch nur ein Mensch.

Immerhin hat der Stanek ein Gnadengesuch gestellt. Der Wallisch war sich ja zu schön dafür. Hochmut kommt vor dem Fall, Frau Rat. Das Gesuch vom Wallisch hat dann sein Anwalt gestellt. Eigenmächtig. Der wollte sich standesrechtlich nichts nachsagen lassen. So haben wir dann doch sowohl für den Stanek als auch für den Wallisch in der Steiermark Gnadengesuche gehabt, die wir, so haben wir uns ja, wie gesagt, committet, nicht an den Bundespräsidenten weitergeleitet haben. Weil der Miklas, unser Bundespräsident von unseren Gnaden, in seiner falsch verstandenen Christlichkeit, hätte denen womöglich auch noch stattgegeben. So ist alles gut ausgegangen, Frau Rat. Einfach aufhängen, ohne Bitten um Gnade, das wär' dann doch zu degoutant.

Die Bürokratie

Schon während des Aufruhrs haben wir die Mandate der Sozis aberkennen müssen, eine gedeihliche Zusammenarbeit war nach diesem eklatanten Vertrauensbruch einfach nicht mehr möglich. Waren recht viele, hat mich selbst überrascht, wo die alle drinnen gesessen und ihren Senf dazugegeben haben. National- und Bundesrat, Landtage, Gemeinderäte. Die restlichen Mandate in den Kammern, Betriebsräten, Personalvertretungen.

Und dann freilich Konfiskation des gesamten Vermögens der Hochverräter, auch das musste angeordnet und administriert werden. Ich bin heute noch erstaunt, was da alles zu holen war. Eine Menge Freizeit- und Erholungsheime waren dabei, die schönsten Platzerln an unseren prächtigen Seen haben sie sich ausgesucht. Dazu ansehnliche Parteiräumlichkeiten, wahrscheinlich zum Friedenszins*. Die Heime der Kinderfreunde nicht zu vergessen. Und, und. Haben wir dann 1945 wieder zum Großteil zurückstellen müssen, Frau Rat, zähneknirschend, wie die Notstandsprojekte wieder gekippt sind, in ganz Europa, nach 1945. Leider.

Die Zukunft

All diese Vermächtnisse der jahrzehntelang verhetzten Jungpolitiker von Kinderfreunden und Roten Falken, etwas unfreiwillig abgegeben und uns eingeantwortet, gebe ich zu, Frau Rat, haben wir gut brauchen können für das Fortkommen unserer eigenen, auch sittlich wesentlich gefestigteren Jugend. In unserem österreichischen autoritätspluralen Jungstaatsvolk, in unseren, gut strukturierten und wohl umsorgten, weil ständig sowohl politisch wie auch spirituell beaufsichtigten Jugendprojekten war die Aufzucht eines neuen, vaterländisch verlässlichen Geschlechts gesichert. Und da sind freilich weiterhin alle Türen sperrangelweit offen gestanden, auch für die verwachsene Saat, die jetzt herbergslos vor der Tür gestanden ist. Naja, nicht ganz, Frau Rat. Die Judenbengel haben wir freilich faktisch ausschließen müssen, man hat da ja nicht ganz zurückstehen können, gegen den Hitler.

Unsere Jugend ist unsere Zukunft, das haben wir immer verstanden, Frau Rat. Und da hat es uns natürlich besonders geschmerzt, dass schon der Glöckel* seinerzeit versucht hat, unser wohldurchdachtes Erziehungssystem auszuhöhlen. Der Glöckel, Frau Rat? Kein Renegat, kein unzuverlässiger Unsriger, sondern überhaupt von der anderen Fraktion. Roter Unterrichtsminister am Beginn des zum Scheitern verurteilten demokratischen Projekts. Ein säkularer Gleichmacher. Kein Lehrer, kein Schüler hat mehr in den Pausen zu unserem Herrn Jesus beten dürfen. Vom Religionsunterricht hat man sich abmelden können, niemand hat mehr darauf schauen dürfen, dass unsere Schutzbefohlenen am Sonntag auch in der Kirche sind. Eine Demokratie in der Schule wollte er einführen, der Glöckel. Und Klassensprecher. Wo hat man so etwas schon gehört, Frau Rat? Demokratie in einer Schule? Wo wir doch nicht einmal eine im Parlament brauchen haben können.

Den Glöckel haben wir dann im April 1934 ins Anhaltelager nach Wöllersdorf verfrachtet, des Aufruhrs verdächtigt. Nur kurz, wie die anderen roten Mandatare auch, ein paar Monate, da waren wir ja nicht so. Ist uns aber ein wenig später verstorben, der Glöckel. Mit den Haftbedingungen kann das nichts zu tun haben, die waren, wie ich noch ausführen werde, tadellos. Der war sicher zuvor schon ein wenig kränklich.

Es geht um den Zugang zur Jugend, Frau Rat, der ideologische Unterschied zu den Ungeraden macht sicher. Nur ein Beispiel: Wenn die Kinderfreunde und die Falken* auf die Berge hinaufgestiegen sind, keine Disziplin. Alle durcheinander, die haben gequatscht und getratscht, die Motivierbareren vorne, die Fauleren irgendwo. Die einen haben gesungen, die anderen etwas gejausnet. Chaos. Bei uns: Reih und Glied. Erstes Einüben des Gleichschritts. Fröhliche Marschlieder. Und zwar für alle, wir sind schließlich eine geschlossene Volksgemeinschaft. Da gibt's keine Würscht'*.

Unsere Jungen, unsere Zukunft. *Ein Toter führt uns an,* hat die Blüte unserer Zukunft gesungen. Es greift mir immer wieder ans Herz, Frau Rat, dieses anrührende Lied. Wie stimmig, Melodie und Text. Die Jugend verkörpert ja doch das Beste, das Reinste, das unverdorbenste Gefühl. Für unsere Zukunft! Vielleicht hat sie ja bereits geahnt, diese Jugend, dass es nach mir nicht mehr viel besser werden wird. Aber die unbestimmte Sehnsucht war da, bei all unseren Hoffnungsträgern, auch bei unseren Kinderlein. Wenn wir fest daran glauben, kommt doch wieder einmal ein Krieg. Diesbezüglich haben wir alle die Hoffnung nie aufgegeben. Wollen hätten wir ja schon mögen, Frau Rat, einen Krieg, unsere Stahlhelmfraktion ist ja dafür auch ständig auf die Straße gegangen, aber dürfen haben wir uns nicht getraut.

Ist nicht ganz von mir, dieses Bonmot, geb' ich zu, das hat vielmehr ein seltsamer bayrischer Spaßvogel irgendwann einmal, so ähnlich, auf einer versifften Kleinbühne zum Besten gegeben. Südtirol wieder zurückgewinnen, die Unrechtsgrenze am Brenner wegzusprengen, war schon ein Ziel, das sich gelohnt hätte. Aber der Mussolini, der Mussolini. Da gibt es halt so unüberwindbare Zwänge, in der Politik, in der Diplomatie, vielleicht davon später, Frau Rat.

Der Hitler hat von unserer weisen Aufzucht der Jugend, unseres zukünftigen Humankapitals, auch wenn es nicht unmittelbar für unser eigenes, vaterländisches Notstandsprojekt einzusetzen war, gewiss profitiert. Das mag historisch nicht gerecht gewesen sein,

Frau Rat, gar nicht gerecht, aber immerhin haben wir uns ein paar Jahre später in Stalingrad nicht für unsere Jugend blamieren müssen.

Das Statut

Und freilich, Frau Rat, so ein entschuldbares Notstandsprojekt braucht auch ein neues Statut. Jetzt waren wir die sozialliberalen, demokratiebewegten Querulanten endlich los, unser schönes Rumpfparlament konnte rechtskonform eine vorbildliche Verfassung beschließen. Die unwissenden Politikwissenschafter heute machen sie uns als *»Nichtverfassung«* madig, aber ich kann Ihnen versichern, wir haben alles hineingeschrieben, was so ein Notstandsprojekt alles braucht. Der Mussolini, unser Vorbild und Faschismusexperte, hat zwar gesagt, der erster Satz der Präambel müsse lauten: Auch Österreich ist jetzt faschistisch. Aber, Frau Rat, da sieht man, die Italiener, immer das Herz auf den Lippen! Für uns war das zu hart, zu direkt, irgendwie zu ungemütlich. Ein bisserl mehr Gefühl und Diplomatie, das kennzeichnet das österreichische Wesen. Viel angebrachter war: ein wenig noble Zurückhaltung.

Denn, was sag' ich Ihnen, Frau Rat, die in- und ausländischen Besserwisser muss man immer, auch bei einer Eigenverfassung, einpreisen. Da macht sich unsere gute alte österreichische Mentalität halt doppelt bezahlt. Deshalb haben wir hineingeschrieben, in unser Statut, das österreichische Volk erhält diese Verfassung unmittelbar aus den Händen Gottes. Da war jetzt auch der Theo Innitzer zufrieden. Und den Faschismus, den haben wir einfach gelebt.

Die Sicherheit

Der Sühne war damit freilich noch nicht genug. Die Aufgehängten haben wir ja nicht mehr einsperren können, aber mit dem Rest haben wir schließlich auch irgendetwas tun müssen. Freilich nicht mit allen, Frau Rat, wer wüsste das besser als wir. Irgendwer muss ja auch noch arbeiten, wozu hat man denn sonst das Proletariat. Man kann nicht alle einsperren, das ist ein ökonomisches Grundprinzip.

Aber die kriminellen Strippenzieher, die schwer einzuschätzenden Verdächtigen, die Gefährder, das ganze Gesocks*? Mit dem musste etwas geschehen. Dringender Handlungsbedarf. Für die dann eben: Untersuchungshaft, Strafhaft, Präventivhaft. Die alle gerichtlich abzuurteilen, das hätte selbst unser qualifiziertes, weiterhin nahezu unabhängiges juristisches Fachpersonal eindeutig überfordert. Da hat man mit langwierigen Prozessen und Urteilsfindungen zu rechnen. Gewiss, das ist nach der Entbürokratisierung unseres Rechtsstaates sicher ein wenig schneller und einfacher gegangen, aber für unseren Gestaltungsanspruch, und für die Sicherheit des österreichischen Volkes selbstredend, noch immer viel zu lahm.

Was machen, haben wir uns gefragt. Also haben wir Lager eingerichtet, da haben wir wieder schöne Anleihen nehmen können, im Nordwesten, im Land der Dichter und Denker. Aber, Frau Rat, auch hier einmal mehr eine verträgliche, original österreichische Lösung: Keine Konzentrationslager, wie beim deutschen Vorbild, konzentriert ja, aber nicht gar so exzessiv. Sondern Anhaltelager. Nicht nur semantisch ein wesentlicher Unterschied. So ein Anhaltelager, das war fast wie Erholung. Eine Kuranstalt, quasi. Eine Kuranstalt für neurotisch-politische Rekonvaleszente.

Wir waren eben immer nur autoritär, nicht totalitär. Zurückhaltend, österreichische Gemütlichkeit. Bei uns gab's selbst für die Unverbesserlichsten veritable Überlebenschancen, ganz anders als im Dritten Reich. Waren aber trotzdem immer undankbar, unsere Schutzbefohlenen. Haben gesudert, dass die Hälfte gereicht hätte. Ein Leben ohne Freiheit sei kein Leben, haben sie sich selbst bemitleidet. Hätten sie halt hinübergeschaut ins Deutsche Reich. Dann hätten sie den Unterschied zwischen autoritär und totalitär endlich begriffen.

Sicher, Frau Rat, ein paar probate Mittel gegen die Disziplinlosigkeit, die sich in einem solchen Lager nun einmal einschleicht, hat es auch bei uns geben müssen. Essensentzug zum Beispiel. Oder tagelange Dunkelhaften. Da ist man nicht abgelenkt, in so einem lichtlosen Kotter, da kann man ungestört darüber nachdenken, warum man denn revoltieren hat müssen, wo unser entschuldbares Notstandsprojekt doch nur zum eigenen Besten war. Ein paar Watschen* sind hin und wieder getröpfelt, für die eher harmlos Renitenten. Für die schweren Fälle haben wir schon auch einmal ein paar Verschärfungen in petto* gehabt. Und immer wieder Kniebeugen. Sport ist gesund, vor allem und gerade, wenn man stunden- und tagelang in engen Zellen und ohne gesunde, frische Luft herumlungert. Und angenehm müde wird man auch, wenn man das Knie, warum nicht vielleicht auch in Demut, beugt. Dann muss man ja auf das Wachpersonal etwas schauen, so einem Wachkörper wird schnell einmal fad. Ermüdet uns dann, und bleibt nicht wachsam, der Wachkörper. Da haben wir also unsere stramme Heimwehr beauftragt, zum Wachpersonal geradezu prädestiniert, ein strenges Auge auf unsere Schutzbefohlenen zu haben. Die Heimwehr war, rechtstechnisch behördlich, auch nicht so strikt gebunden und in ihren Ermessensentscheidungen nicht so eingeschränkt. Und im tagtäglichen Umgang mit dem ehemaligen politischen Mitbewerb, aufgrund der so wertvollen früheren Auseinandersetzungen auf der Straße, der Praxis auch wesentlich näher.

Konzeptionell haben wir da durchaus Anleihen bei der in der effizienten Lagerverwaltung hocherfahrenen SS bei unseren deutschen Brüdern im Reich nehmen können. Neben dem erzieherischen Gewinn für unsere Schutzbefohlenen war auch immer ein wenig Unterhaltung und Amüsement für das Wachpersonal drinnen. Die Volksgemeinschaft muss belustigt werden, ein niemals zu vernachlässigendes Prinzip zur Absicherung eines Notstandsprojekts. Weil, wenn einmal der Lagerkoller ausbricht, Frau Rat, dann wird's wirklich unangenehm.

Die Einweisung in unsere Lager war recht unaufwendig. Ein Bescheid hat da ohne weiteres gereicht. Rechtsmittel haben wir eingespart. Schon wegen der Kosten. Und, Frau Rat, grundsätzlich unbefristet, die Einweisung. Viel besser, da ist man flexibler, weil, im Vorhinein kann dann kaum einer beurteilen und absehen, wie lang so eine general- und spezialpräventive Maßnahme überhaupt nötig ist. Hängt auch sehr vom allgemeinen Betragen der Gäste ab. Und so etwas kann ein pädagogisch ebenso wie im Straßenkampf geschultes Aufsichtspersonal, wie unsere verdienstvolle Heimwehr, am allerbesten beurteilen.

Den Betroffenen wird's wohl auch recht gewesen sein. Da ist die Freude umso größer, wenn man überraschendweise wieder heim darf. Den Aufwand für Kost und Logis haben wir den Delinquenten in Rechnung gestellt. Den anteiligen Lagerverwaltungsaufwand freilich auch. Aber wir haben dabei selbstverständlich nicht überzogen. Gewinnorientiert waren wir nie.

Viele unserer Schutzbefohlenen haben sich allerdings geweigert, diesen ohnehin bescheidenen und sozial ausgewogenen Beitrag für die Unterbringung zur eigenen und kollektiven Sicherheit zu begleichen. Die haben dann halt irgendwelche Ausreden gehabt. Irgendwas von nicht arbeiten können und damit kein Erwerb, weil jetzt eingesperrt im Lager, zum Beispiel, oder kein Erspartes. Oder kranke Mutter. Sie kennen das sicher, Frau Rat, wenn sie sich drücken wollen, sind die Leut' nicht ohne Phantasie. Haben wir sie halt dann exekutieren müssen, unsere Schutzbefohlen, Rechtsstaat ist schließlich Rechtsstaat. Da können wir auch nicht viel machen. Verantwortungslos, denk' ich mir noch heute, waren diese ertappten oder potenziellen Aufrührer, vor allem gegenüber ihren Familien.

Wenn wir die Summe nicht direkt einbringen haben können, sind eben die Angehörigen delogiert worden. Aber das bisserl, was die gehabt haben, die paar Bettgestelle, ein paar Strohsäcke, vielleicht einmal eine bessere Kredenz*, das hat trotzdem vielfach nicht einmal zur Abdeckung unserer Spesen gereicht. Rest uneinbringlich, naturgemäß. Wieder haben die braven Bürger unseres braven Landes mit ihren Steuern einspringen müssen.

Auch bei unseren Lagern, Frau Rat, haben wir einmal mehr zeigen dürfen: Wir nicht immer nur Wien, Wien und noch einmal

Wien! Dem Wasserkopf das Geld hineinschieben, ein Fass ohne Boden, so wie andere. Sondern wir waren immer föderativ. So haben wir das Hauptlager für unsere Schutzbefohlenen in Wöllersdorf, in meinem schönen Kernland Niederösterreich, errichtet. Das waren wir schon allein dem Raab* schuldig. Ein famoser Kerl! Ein wahrhaft herzeigbares Produkt unserer Kaderschmiede, große Zukunftshoffnung, der Raab. Ein Visionär. Schon 1930 hat er sich auf unser geplantes entschuldbares Notstandsprojekt beeiden lassen. Nur ganz wenig Skrupel soll er gehabt haben, unser Rohdiamant, aber dann fest entschlossen. Ohne Wenn und Aber. Beeidigt auf die Kernelemente unserer neuen Gewaltenteilung. Ich darf Ihnen, Frau Rat, dieses reformorientierte Konzept nochmals in Erinnerung rufen. Statt Legislative, Exekutive und Judikative: Gottesglaube, der eigene harte Wille und das Wort der Führer.

Unser guter Raab schwört diesen schönen Eid also zu einem Zeitpunkt, als unser Notstandsprojekt noch gar nicht existiert hat. Das nenne ich politischen Instinkt! Zuversicht. Weitblick sowieso. Das war eine aufgelegte Sache, dass wir so einen später zum Minister geradezu aufsteigen haben lassen müssen. Aber was macht er dann, der Raab, wie die Alliierten 1945 unserem schönen Land die Demokratie wieder aufs Auge gedrückt haben? Wo wir doch so glücklich weitermachen hätten können, wo wir 1938 so erfolgreich aufgehört haben? Lässt sich ein mit dem roten Gesindel. Große Koalition. Sozialpartnerschaft. Haben wir, Frau Rat, seinerzeit alles nicht gebraucht. Und was sagen heute selbst die linkslinken Geschichtsklitterer? Der Raab habe sehr viel zur demokratischen Entwicklung und zum Wohlstand in der Zweiten Republik beigetragen. Wieder so ein Renommee, Frau Rat. So ist es halt mit den politischen Ziehsöhnen. Schwere Enttäuschung! Auch du, unser Sohn Julius! Das hat mich eine mühsame Umdrehung mehr gekostet in meinem Fastehrengrab.

Und immer diese Gräuelpropaganda! Hören S' mir doch bitte auf, Frau Rat. Gefoltert haben wir nie, wie jetzt behauptet wird, von irgendwelchen missgünstigen Zeitzeugenbefragern, ich mein, systematisch. Weder in unseren Gefängnissen, noch in unseren Anhaltekuranstalten. So etwas muss ich auf das Strikteste zurückweisen. Ein bisserl nachgeholfen, hin und wieder bei der Wahrheitsfindung, das ja. Aber immer ganz schonend, verhältnismäßig. Nie das Augenmaß verlieren, das war die ungeschriebene Erlasslage. Andere Notstandsprojekte, was sage ich Ihnen da, Frau Rat, waren viel schärfer. Später vor allem, in Südamerika oder weiß Gott wo, mit Elektroschocks und anderen neumodischen Methoden. Wir aber, Frau Rat, immer alte Schule.

Auch hier, eher Mittelalter. Inspirativ gänzlich eingebettet in unsere Trabrennplatzideologie*. Bei uns also haben s' nur ein paar Watsch'n eingefangen, die Verstockten, realiter verdächtigten oder präventiv festgehaltenen zukünftigen Delinquenten. Hin und wieder ist uns auch mal die Faust ausgekommen, das kann schon mal passieren, wenn die Geduld mit diesem Gesindel überstrapaziert wird.

Nur wenn einer besonders renitent war, unerträglich querulatorisch, dann unser bewährter, staatstragender Bock. Da haben wir durchaus auch, Sie wissen ja, Frau Rat, Gleichheitssatz! früher staatstragende, leider allerdings trotz pädagogisch sorgfältigst ausgewählter Besserungs- und Erziehungsmaßnahmen unverbesserliche Eliten des politischen Mitbewerbs raufgeschnallt. Dann ein paar Schläge, meistens waren es zwölf, mit dem Gummiknüppel. Auf den nackten Hintern. Ein wenig blutunterlaufen war er dann schon, der Allerwerteste, aber sonst nicht wirklich unbrauchbar. Ganz und gar keine Tragik, Frau Rat.

Und freilich regelmäßig, einmal muss ich das noch betonen, Ertüchtigungsübungen für besonders unermüdliche Insassen unserer Haftinstitute. Das Personal muss ja, ich habe es bereits erwähnt, hin und wieder auch einmal eine Hetz' haben. War ja nie viel los in unseren Lagern und sonstigen Besserungsanstalten. Ein paar Stunden Kniebeugen oder Scheitelknien*, das hebt immer die Stimmung. Auch gegenüber dem Wachkörper, haben wir immer unsere Fürsorgepflicht wahrgenommen.

Die Würde der Frau

Und ganz und gar nicht sind wir gewillt, Frau Rat, das Licht unserer Frauenpolitik unter den Scheffel zu stellen. Die Frauenpolitik, die wird ja immer etwas vernachlässigt, auch in der Gesamtwürdigung, immer nur ein bisserl ein Anhang. In unserem Notstandsprojekt, Frau Rat, war dies ganz anders. Die Frauenpolitik war bei uns ein Schwerpunktthema. Mittelalterliche Moderne, würde ich jetzt einmal etwas plakativ meinen. Wir haben der Frau ihre Würde zurückgegeben! Nicht mehr und nicht weniger. So eine Gewalttat, Frau Rat, kann man gar nicht genug loben. Wir haben die, durch die Moderne der Ungeraden, schon erheblich gelittene und verzerrte Wirklichkeit an ihren natürlichen Ursprung zurückgeführt. Und jenen, die unsere führende Hand, unsere Courtoisie, brüsk und empört zurückgewiesen haben, haben wir den Bubikopf gewaschen.

Sie, Frau Rat, ich will Ihnen ja nicht nähertreten, Sie persönlich sind ja eh ganz manierlich. Ich rede, Sie hören zu. So soll's sein. Da hat Sie ihre Mutter schon recht fein erzogen. Da spür' ich kein unangenehmes Aufbegehren, bei Ihnen, kein unreflektiertes Zurückreden, nichts zu spüren von einem Trotzkopf, den man bei Kindern wie bei Weibern zuweilen gleichermaßen antrifft. Sie hätten ideal unserer göttlichen Ordnung entsprochen. Freilich, Frau Rat, hätten wir uns auch revanchiert. Wir hätten Sie auch von Ihrer schweren beruflichen Bürde zwangsbefreit. Gerade die Weiberln, gell, Frau Rat, die haben ja oft die Einsicht nicht. Die wissen ja nicht immer wirklich, was sie wollen. Hier dasitzen und amtszuhandeln ist doch nix für so ein zierliches Fräulein. Zauberwort: Doppelverdiener-Verordnung*. Was für ein Signal, das wir hier gesetzt haben, Frau Rat! Wieder einmal.

Alle Frauen, soweit sie nicht mit einem unehelichen Kind und ohne Mann übriggeblieben sind, haben wir aus dem Staatsdienst entlassen. Mehr noch, in unserer Fürsorge für das Wohl der Frau und ihre ungeschmälerte Arbeitskraft für Mann und Familie haben wir auch alle Unternehmen aufgefordert, sich von ihrem weiblichen

Personal zu trennen. Damit hätten wir auch Sie entlastet, Frau Rat, von Ihrer Doppelbelastung. Hätten S' wieder mehr Zeit für Ihre Gschrappen*. Die brauchen eben Geborgenheit. Einen warmen, weichen Schoß. Man muss keine Rabenmutter sein! Und dann, Ihr Angetrauter und Haushaltsvorstand? Was denkt sich denn der, wenn die Leberknödelsuppe wieder einmal nur lauwarm ist? Vielleicht sagt er nix, das Selbstbewusstsein der Männer Ihrer Generation, Frau Rat, ist ja bekanntlich etwas angeknackst, wenn nicht überhaupt schwer im Sinken. Traurig. Aber denken tut er sich gewiss seinen Teil.

Oder Ihre Kollegin, die mit dem Bonzengfrast*? Die hätte nach ihrer staatlich angeordneten, permanenten Entlastung ausreichend Zeit für tröstende Briefe nach Wöllersdorf. Angekommen wären die zwar eher nicht. Wissen S' eh, Frau Rat, so viele Briefe, das überfordert selbst unsere Tag und Nacht arbeitende Zensur. Aber, ich hab's ja schon gesagt, die Weiber halt mit ihrer Psychologie. Wie der Ödipusjud Freud* geraten hat: Therapie immer gut. Schreibtherapie, in diesem Fall.

Wie überhaupt, die Frauen. Der allergrößte Teil war ja doch für uns. Wie schon gesagt, haben sich die Sozis so redlich bemüht, schon unmittelbar nach dem Krieg, ihnen das Wahlrecht zu verschaffen. Haben wir ihnen ja gesagt, den Sozis und den Weibern gleichermaßen, das bringt nix. Denn wen wählen sie dann? Erraten, Frau Rat! Da haben sie geschaut, die Sozis und mit ihnen die Bubikopf tragenden Lesben. So kann man auch dem Feminismus etwas abgewinnen. Na ja, sicher, einige Frauen aus unseren Reihen haben sich ja auch emanzipiert, selbst aus gutbürgerlichen, sonst so sittentreuen Häusern. Verlorene Seelen, das kommt immer mal vor. Emanzipieren sich einfach, obwohl ihnen das gewiss niemand erlaubt hat.

Die Protestanten

Aber wenn ich schon, Frau Rat, mir scheint erst vor ein paar Minuten, so kurzweilig kommt's mir vor in Ihrem Verhandlungssaal hier, den Triumph des politischen Katholizismus angesprochen habe, erlauben Sie mir ein paar wenige erläuternde Worte auch zu anderen, wie will man das nun korrekt ausdrücken, sagen wir einmal: Kirchliche Gemeinschaften.

Ohne den politischen Katholizismus wäre unser entschuldbares Notstandsprojekt wohl mit Sicherheit gescheitert. Auch was die spirituelle Basis betrifft hatten wir die glückliche Einheit und Geschlossenheit des Mittelalters im Blick, den universellen Schoß der apostolischen Kirche, aus der alles entsprießt. Wir sind angetreten, der Häresie zu wehren. Als die politischen Rahmenbedingungen so glücklich geschaffen waren, mit unserer gottgegebenen Verfassung, sind wir unverzüglich und voll Tatendrang ans Werk gegangen und haben den österreichischen Heilsprozess eingeleitet.

Die Protestanten haben wir, nachdem Gleichheitssatz und Religionsfreiheit auf ein verträgliches Maß zurückgestutzt waren, auf ihren Rang verwiesen. Eine bessere Sekte halt. Hier haben wir sie ein wenig ausgegrenzt, dort ein wenig schikaniert. Nicht gar so penetrant und nachhaltig wie die gottlosen Marxisten, aber mit viel Esprit und Einfallsreichtum. Da haben wir den Kirchenspaltern ihre frühere Präpotenz spüren lassen. Für die waren wir ja ohnehin nur die Transmontanisten*, die in ihrer undeutschen Papsthörigkeit ohnehin keinerlei Existenzberechtigung hätten. Die gefälligst auf ihren Revolverknien über den Alpenkamm nach Rom rutschen und dort möglichst ewiglich verbleiben mögen.

Jetzt aber hatten wir freie Hand, jetzt lag unser Ziel klar und deutlich vor Augen: Die Andersgläubigen ausjäten, mit Stumpf und Stiel, das Unkraut vertilgen im Garten des Herrn! Ausrupfen, konsequent, auch wenn dies einer christlichen Seele zuweilen schwerfallen und wehtun mag, gnadenlos, Frau Rat: alles Ungerade, auf den Komposthaufen, unerheblich, ob nun politische oder religiöse Häretiker. Ein großer spirituell-fundamentalistischer Wurf sozusagen. Ein tausendjähriges Notstandsprojekt, haben wir visioniert, für ewig entschuldigt, bis zum Jüngsten Gericht. Und, Gott sei uns gnädig in unserer ewigen Hoffnung, darüber hinaus. Christsozialismus für immerdar.

Jetzt haben sie ihr, dieser Kirchengemeinschaft der Ungläubi-
gen, wie ich mit gar nicht wenig Genugtuung vernommen habe,
wenigstens ihren unnötigen Feiertag gestrichen. Den Karfreitag. Ein
Akt der Gerechtigkeit, Frau Rat, ein ganz wesentlicher Fortschritt
in der Sektenbekämpfung. Da hätt' ja der Herr höchstpersönlich
vor Zorn herabsteigen mögen von seinem Kreuz, will ich meinen,
schon am Beginn des Heilsprozesses, ob dieser himmelschreienden
Diskriminierung aller Rechtgläubigen.

Die gemeinsame Schüssel

Und niemals vergessen, Frau Rat, unsere großartige Wirtschafts-
und Sozialpolitik! Virtuos gespielt haben wir auf der vielstimmigen
ökonomischen Orgel des Armenhauses Europas. Alle Register
haben wir gezogen. Die Schüssel in unserem Bauernhaus war zwar
meistens nur bodenbedeckt mit unserer nahrhaften Suppe, aber das
strafft den Geist, das Durchhaltevermögen und den nationalen Stolz.
Ich kann aus Zeitgründen gar nicht auf alle unsere vielschichtigen,
wohlstandsfördernden Maßnahmen im Detail eingehen. Zu schade,
wo mir gerade in der Ökonomie, dem elementaren Pfeiler unserer
Agenda schlechthin, das Herz übergeht und der Mund so voll ist!
Wird im Übrigen schon recht kühl hier in Ihrem Verhandlungssaal,
Frau Rat. Fast schon ein wenig ungemütlich. Sie sparen wohl auch
den Rechtsstaat kaputt, da hab' ich durchaus Verständnis.

Also die Wirtschaftspolitik, Frau Rat. Dazu nur ein paar Worte,
damit Sie die völlige Alternativlosigkeit unseres entschuldbaren
Notstandsprojektes auch in diesem Punkt besser verstehen. Die
anderen haben wegen der Wirtschaftskrise ihr Geld verjuxt und
verschleudert, für sauteure Investitionen in Arbeit und Infrastruktur,
die ohnehin keiner braucht. New Deal in Amerika, unter dem,
durch jahrhundertelange Geldgeschäfte gengeschädigten Juden
Roosevelt. Auch in Großbritannien. Was an diesen käsigen Impe-
rialisten damals kapitalistisch war, frag' ich mich noch heute. In der
marxistischen Hochburg Schweden sowieso. Ja, sogar die Schweiz

hat ihre ökonomischen Tugenden aufgegeben und offenbar das Geld bei der Oberlichte hinausgeworfen.

Überhaupt die Schweiz, Frau Rat, da kann ich Ihnen, vor allem aber diesen beeideten Genösslern, einen wohlbegründeten Seitenhieb nicht ersparen. Früher waren sie, und nicht wir, das Armenhaus Europas. Nun haben sie uns, diese ruchlosen Aufrührer gegen alle apostolischen Autoritäten, gegen unsere gottgesalbten Habsburger, glatt überholt. Und so sind sie dann eben, die Emporkömmlinge, die Parvenüs dieser Welt! Kommen sie einmal zu Geld, sofort überheblich. Da haben sie dann angegeben, die Schwyzer, mit ihrem Mammon, als wir uns erholen mussten, in Österreich, mit unserer abgenagten Hühnerkeule, die uns die Alliierten übriggelassen hatten. Haben geprotzt mit ihren Erholungsprogrammen für unsere leidgeprüften, hungernden Kinder. Ist ja auch recht einfach, Frau Rat, ein paar Rappen locker zu machen, wenn man zuvor zu feig für den Krieg war.

Für uns hingegen war Verschwendung keine Option. Wir waren immer seriös, immer sparsam wie eine schwäbische Hausfrau. Der Alpendollar war so hart wie der Wille unserer Heimwehr. Wir, die österreichischen Sparefrohs, haben jeden Schilling, den wir nur irgendwie absparen konnten von den Mündern unseres opferbereiten Volkes, eisern auf die Seite gelegt. Für bessere Zeiten. Wir haben die Sozialversicherungssysteme zurückgefahren, die Pensionen gekürzt, das Krankengeld. War einer arbeitslos, haben wir ihn nach ein paar Wochen ausgesteuert. Frissfürnichtse* haben wir nicht geduldet. Hängematte war früher. Hat ja durchaus auch einen pädagogischen Wert, wenn man nichts mehr geschenkt bekommt aus den öffentlichen Kassen. Da ist die Motivation für die Arbeitssuche doch erheblich höher. Die Verbindlichkeit der Kollektivverträge haben wir aufgehoben, unsere besonnenen und ihrer sozialen Verantwortung immer und jederzeit bewussten Unternehmer konnten nun endlich zahlen, was sie für gut und richtig hielten.

Ist mir durchaus bewusst, Frau Rat, das wär' alles heute, in Ihrem politischen Retrosystem, nicht mehr so einfach möglich. Da wählen die unmündigen Bürger, und die sind halt immer in der Mehrheit, einen einfach ab. Vor allem, wenn sie ihre gerechten Opfer für das Vaterland partout nicht erbringen wollen. Hier streiken sie, dort demonstrieren sie. Wie soll man so eine vernünftige Wirtschaftspolitik machen? In einem entschuldbaren Notstandsprojekt hingegen haben Sie freie Hand, Frau Rat. Da können Sie jede wirtschaftspolitische Entscheidung nüchtern und sachgerecht treffen. Populismus völlig unnötig. Den haben wir ausschließlich in der Demokratie zu deren Ausschaltung gebraucht.

Jetzt haben wir endlich vernünftig mit den Menschen reden können. Und wenn nötig, sie auch ermahnen: Frage nicht, was Österreich für dich tun kann. Frage lieber, was du für Österreich tun kannst. Und wenn gespart werden muss, muss eben gespart werden. So etwas strafft nicht zuletzt auch die Innovationskraft, schafft, am Höhepunkt des Heilfastens, Visionen. Da lernt man, sich den Herausforderungen zu stellen. Und kann sich auch mal was einfallen lassen als verantwortungsvoller, seiner Sendung bewusster Bürger. Vielleicht auch einmal ein paar Raben mit dem Luftdruckgewehr abschießen, damit die Kinder zu Mittag eine nahrhafte Suppe haben.

Aber doch nicht immer streiken oder gar demonstrieren. Da ist bei uns der Ofen aus und die Geduld zu Ende. Aber so stur und unerbittlich grausam, wie man dies heute darstellen will, Frau Rat, waren wir nie. Auch das Volk braucht ein Ventil, das haben wir immer beherzigt, ein Ventil für seinen Überdruck. Selbst die völlig Uneinsichtigen haben wir ein wenig maulen lassen, da ist uns kein Stein aus der Krone gefallen. Die haben wir dann auch nicht immer gleich eingesperrt, wenn nur die verbale Renitenz nicht zu penetrant oder gar gewerkschaftlich oder sonst irgendwie organisiert war. Ich darf das einmal mehr betonen, Frau Rat, der entscheidende Unterschied zwischen einem autoritärem und einem totalitären Notstandsprojekt. Wir in Österreich waren ja immer für die politische Mitte.

Heutzutage darf sie halt wieder schreiben, an ihren Universitäten, Frau Rat, die Bildungssubversion, unser Wohlfahrtsmodell Bauernhaus damals wär' exzessive strukturelle Gewalt gewesen.

Austeritätspolitik in der Wirtschaftskrise, meckern diese selbsternannten Experten, sei in der Demokratie vielleicht bloß eine uner-
messliche Dummheit, aber wenn mehrheitsgestützt, doch legitim.
In der Diktatur hingegen ein Verbrechen, weil sich die Menschen
nicht in der Wahlzelle hätten wehren können. Aber, Frau Rat, da
sehen Sie ja gerade die unauflöslichen Widersprüche ihres heutigen
Retrosystems. Wie soll man denn ökonomische Vernunft walten
lassen, wenn Krethi und Plethi alle fünf Jahre ihren Senf dazu geben?

Die Früchte dieser ausgewogenen ökonomischen Ordnung in
unserem armen und bescheidenen, aber landschaftlich so wunder-
schönen Land, Frau Rat, konnten sich wahrlich sehen lassen: Bis
zum Dach war sie voll mit Goldbarren, unsere Nationalbank. Wie
das geglänzt hat, selbst mein Nachfolger hat noch das eine oder
andere gute Stück dazu gelegt. Na ja, leider, Sie wissen ja, Frau
Rat, genießen haben wir diese Pracht nicht allzu lang können. Da
sieht man wieder einmal, wie grausam ungerecht die Geschichte
doch sein kann! Und nicht nur das kollektive Gedächtnis.

1938, gleich nach unserer Staffelübergabe an die Reichsdeutschen,
haben die unsere so mühsam dem Volk abgeopferten Schätze aus
der Nationalbank abtransportiert. Nach Berlin. Und doch, so
kann man unser opferbereites Volk trösten, haben wir für andere
Gutes tun können. Der Hitler hätte ja angeblich gar nicht mehr
weitermachen können, der unverantwortliche Bankrotteur, wenn
er unseren Spargroschen nicht gehabt hätte. Ein Akt der Nächs-
tenliebe, nehmen wir es so, Frau Rat, ein letzter mildtätiger Gruß
des politischen Katholizismus.

Der Brückenbau

Und schließlich hat sich unser entschuldbares Notstandsprojekt ganz selbstverständlich und in aller erster Linie gegen die
Nationalsozialisten gerichtet. Die sind ja zeitgleich mit uns in
Deutschland an die Macht gekommen. Eine Parallelaktion gleichermaßen. Auf diesen politischen Gleichschritt in schärfster politischer

Konkurrenz hätte der Musil* in seinem *Mann ohne Eigenschaften* doch ein wenig angreifbarer hinweisen können, damit sein, im Übrigen eher unnötiges Buch, auch irgendeiner versteht. Außer dem Kreisky*, der immer sein angebliches Bildungsbürgertum heraushängen hat lassen müssen. Ich hingegen hab' von diesem Musil naturgemäß nichts gelesen, Sie wissen schon, Frau Rat, einmal mehr jüdisch-liberale, ungerade Subversion.

Und die Deutschen, das muss ich zugeben, waren noch etwas einfallsreicher bei der Legitimierung ihres entschuldbaren Notstandsprojekts als wir. In unserem parallelen Ideenwettbewerb waren die halt immer eine Nase vorn. Mit der Überformung; selbst als Doktor beider Rechte finde ich kein schöneres und treffenderes Wort, Frau Rat. Mit der Überformung der morbiden Weimarer Verfassung mit dem Gesetz zur Behebung der Not von Volk und Recht, ist ein juristisch lupenreines Regelwerk der notstandsbedingten Entschuldigung gelungen. Das hat, Ehre wem Ehre gebührt, selbst unser so, der fruchtbaren juristischen Umdeutung aufgeschlossenes kriegswirtschaftliches Ermächtigungsgesetz in den Schatten gestellt. Großer Respekt, meine Herren, da ziehen wir voll Anerkennung Hut samt Hahnenschwanz!

Aber sonst war mit den Nazis vor allem die Abgrenzung, schwierig. Sehr schwierig. Auf der einen Seite der Druck an der Grenze, das sowieso. Aber auch im Land selbst sind die Nationalsozialisten immer stärker geworden. Und auch immer aggressiver. Die wollten nicht reden, die wollten keinen Kompromiss. Nur nebenbei, Frau Rat, es ist doch der Kompromiss, wenn's nur kein demokratischer ist, das A und O eines friedlichen Zusammenlebens in einer Gemeinschaft. Die wollten, die Reichsdeutschen, dass wir uns mit unserem parallelen Notstandsprojekt einfach schleichen. Daher: Kompromisslose Distanz, Frau Rat, gegenüber diesen skrupellosen Diktatoren. Kampf bis zum letzten deutschen Blutstropfen. Bis in den Tod: Rot-weiß-rot. Ein unmissverständliches Signal in aller Deutlichkeit.

In der Praxis freilich, Frau Rat, Sie wissen ja, die Niederungen der Politik, sehr schwierig, außerordentlich schwierig, diese

Botschaft auch marketinggerecht in die Gänge zu bringen. Dem Volk so unterzujubeln, dass sie auch sitzt, die Message.

Denn wir waren ja alle irgendwie eine Familie. So ein Faschismus hat ja viele Facetten, Frau Rat – von Spanien und Portugal über Italien und Ungarn bis hinauf in die baltischen Staaten, jeder seinen eigenen Faschismus. Wesentlich und einigend nur die verbindlichen Grundelemente, sonst wär's ja kein Faschismus. Demokratie? Na, das wär' was! Rechtsstaat? Flexibel. Dazu noch Blut und Boden, die ewigen Klassiker. Und das Formen eines neuen Menschen, der alte hat eh nur Umstände gemacht! Und weg mit den Marxisten. Immer haben wir, die urige österreichische Teilhorde unserer Urhorde, Frau Rat, an unserem Familientisch, aufrecht, mutig und mit offenem Visier, diese unsere Meinung vertreten: Soll doch jeder in seiner eigenen Diktatur, in seiner selbstgestrickten Despotie, in seinem eigenen, kleinen Biedermeierfaschismus glücklich werden. Vor allem wir hier in unserem, das kleine, bescheidene Glück suchenden Häuschen Österreich. Warum sollten wir uns bekämpfen? Wir jedenfalls, wir, die wahren Dichter und Denker, die österreichische Vorfeldorganisation für Vernunft, Ausgleich und Kooperation, wollten das Gemeinsame über das Trennende stellen. Zu aller Zeit. Schon immer, Frau Rat, waren wir Österreicher Brückenbauer.

Aber der Hitler, der hat halt den Hals nicht voll genug kriegen können. Immer hat er gezündelt, hat uns sekkiert, wo er nur konnte. Tausend-Mark-Sperre und andere Gemeinheiten hat er uns angetan. Und immer das Größenverhältnis heraushängen lassen. Angeber. Er, Gröfaz: Größter Führer aller Zeiten. Ich, Kleifaz: Kleinster Führer aller Zeiten. Und das nicht nur wegen meiner knapp einsfünfzig Körpergröße. Ist ja auch noch heute so, auch in ihrem europäischen Multikultisystem und Einheitsbrei. Faktor zehn. Ohne die da drüben ist ja noch nie irgendetwas gegangen, in unserem ostmärkischen Dasein! Damals, kann ich Ihnen sagen, Frau Rat, war das faktorbedingte Gefälle noch viel, viel schmerzhafter.

Die Deutschen

Wir hatten, Frau Rat, das kann ich Ihnen sagen, alle Hände voll zu tun, uns von den anderen Völkern und Kulturen, den anderen Kultis, abzugrenzen. So auch von den Deutschen. Damit unsere österreichische Volksgemeinschaft mit Herz und Hirn begreifen konnte, was sie war: Eine deutsche Volksgemeinschaft. Na, Sie schauen mich jetzt so zweifelnd an, Frau Rat. Richtig, geb' ich zu, ein bisserl ein wunder Punkt war das schon in unserer Ideologie. Bitte, die scharfe Abgrenzung zu den Nazis, die haben wir faktisch wie emotional glaubwürdig und völlig unbeanstandbar gelebt. Distanzierung, Frau Rat, auf immer und ewig. Klare, durch nichts zu erschütternde Distanzierung! Im großen Wurf, überhaupt kein Problem, im Detail doch sehr sehr schwierig.

Ich meine, wir waren ja, und daran gibt es eben nichts zu rütteln, eben deutsch. Hüben der Grenze. Drüben der Grenze. Unsere hübige, also österreichpatriotische Bewegung war deutsch, das Programm unseres Notstandsprojekts war deutsch. Schon unsere schöne notstandsbedingt etwas angepasste, aber leider noch immer republikanische Kaiserhymne? Deutsch. Sogar in der Verfassung, die der gütige Gott uns überreicht hat, wie seinerzeit die Zehn Gebote, haben wir sie verankert, diese Hymne. Herrlicher Dichter, unser Notstandssänger, unser Ottokar Kernstock*! *Deutsche Liebe, zart und weich!*

Jetzt geht's dem Kernstock wie mir. Angepatzt wird er. Ein Rechtsautoritärer wär' er gewesen! Als ob das, Frau Rat, eine Schande wär'. Ein Hakenkreuzliedschreiber. Wo er doch, wie wir, immer nur ein Brückenbauer war. Und ein Kriegshetzer sei er gewesen, in unserem glorreichen Daseinskampf 1914 bis 1918: *Steirische Holzer holzt mir gut, mit Büchsenkolben die Serbenbrut!* Ja, welches Haar findet man denn da schon wieder in unserer, notstandsbedingt, ich geb' das zu, und ich hab' die Gründe schon dargelegt, etwas verdünnten Suppe?

Was hätten wir denn getan, Frau Rat, seinerzeit in den Schützengräben unseres gottgerechten Krieges, in den Kavernen der

Dolomiten und der Karnischen Alpen, wenn wir diese so wundervoll poetisch gedrechselten, so gekonnt lorbeerbekränzten Worte aus der Heimat für die Motivation unserer Todgeweihten nicht an der Hand gehabt hätten? Neben dem Katechismus. Woher nehmen, wenn ein Kernstock nicht gegeben hätte, die Begeisterung für unsere, leider so einfach gestrickten, aber soldatisch durchaus lenkbaren Bauernlümmel und die von diesen tagtäglich zu erbringenden Heldentaten? Aber alles, was einmal schön und gut und heilig war, wird heute, in Ihrem, dem Guten, dem Heiligen, dem Wahren entfremdeten System der Intoleranz, der Denkverbote, der Pietätlosigkeit, Frau Rat, in den Dreck gezogen.

Und unser Ottokar, der wird jetzt halt angepatzt. Die Straßen und Plätze werden ihm genommen, wie mir damals auch schon. Mir schon 1938, bei der schuldlosen Ablöse unseres entschuldbaren Notstandsprojekts. Hätte gern gewusst, was der gesagt hätte, der selige Kernstock, über diese neuerliche Wende nach 1945, dem, so hoff' ich doch, nur vorläufigen Untergang unserer gemeinsamen, allumfassenden Ideenwelt? Oder hätt' er sich gar schon früher mokiert, der Kernstock, unmittelbar nach dem Anschluss? Hätte er den schmählichen Untergang seiner Bundeshymne tränenreich bedauert? Oder im Gegenteil, das musikalisches Überleben der Haydnweise, von der Etsch bis an den Belt, im Deutschlandlied, und die Renaissance seines Hakenkreuzliedes frenetisch begrüßt?

Jetzt ist's einerlei. Jetzt wird er angepatzt, unser deutsch-österreichischer Nationaldichter. Dort, wo sein Name grad noch so irgendwie geduldet wird, da gibt's diskreditierende Zusatztafeln. Ich sag' Ihnen was, Frau Rat, diese linkslinken Bürgermeister wird's ohnehin nicht mehr lange geben, werden eh alle abgewählt. Die Säcke.

Wir waren also deutsch. Aber wie jetzt die Nationalsozialisten? Wie waren dann die? Sie haben es sicher erraten, Frau Rat. Vermutlich gehören Sie bereits jener bedauernswerten Generation an, deren kindlich unschuldige Seele in der Schule durch heilsames Schweigen nicht geschont, sondern einer indoktrinären

Aufarbeitungsgehirnwäsche unterzogen wurde. Die Nationalsozialisten? Selbstverständlich und eindeutig: auch deutsch. Ja, was denn sonst? Aber eben viel radikaler deutsch, die Nazis!

Allerdings haben sich jetzt viele österreichische Menschen, die ideologisch nicht ganz so gefestigt waren und die zwingende Logik unseres Abgrenzungsprojekts nicht so recht verstanden haben, gefragt: Wenn die da drüben, über der Grenze, auch deutsch sind, warum nicht gleich heim ins Reich? Deutsch und deutsch, das gesellt sich doch gern? Das war das Problem. Also: Erklärungsbedarf. Da haben wir gesagt, ganz Message Control: Wir sind österreichisch-deutsch. Und basta. Ende der Debatte. Die Nationalsozialisten, liebe Österreicher, sind ganz anders. Die sind keine Patrioten, die sind nicht österreichisch-deutsch. Die sind deutsch-deutsch. Pfui.

Dann haben wir auch noch, damit Sie sich eine Vorstellung machen von unserer so ungemein heiklen nationalistischen Lage, Frau Rat, die Deutschnationalen gehabt. Die waren gleich in mehreren Parteien vertreten. Wie gesagt, auch unsere Familie. Irgendwie halt. Verwandtschaft zweiten Grades sozusagen. Herzensgute Leute an sich, ideengeschichtlich nahezu gleichgeschaltet, aber halt in den ideologisch wenigen, gewiss nicht unüberbrückbaren Differenzen so unglückselig verbohrt. Borniert, nahezu. Unbekehrbar. Ein paar von ihnen waren selbst in unserem entschuldbaren Notstandsprojekt noch keine Nazis, aber natürlich waren sie deutsch. Reichsdeutsch. Ich habe viel nachgedacht über diese schwierige Gemengelage in unserem gemeinsamen Lager, über unsere deutsch-deutsch-österreichische, feindselige Freundschaft, Frau Rat. Selbst später noch in meinem Ehrengrab, dann nur noch historischem Grab. Da gehen einem nicht nur die Würmer durch den Kopf, Frau Rat. Und irgendwann hab' ich's dann kapiert. Am ehesten waren die Deutschnationalen österreichisch-deutsch-deutsch. Ich denke, das trifft's am besten.

Und die Sozis? Die dürfen wir bei solch' nationalphilosophischen Grundsatzdebatten niemals außen vorlassen. Die waren natürlich auch deutsch. Deutscher geht's nicht. Aber trotzdem, oder sollt' ich sagen gerade deshalb, wollten sie nix mit uns zu tun haben. Mit unserem deutsch-österreichischen entschuldbaren Notstandsprojekt nicht und dem hitlerischen, deutsch-deutschen entschuldbaren Notstandsprojekt schon gar nicht. Der Hitler, haben sie sich abgebeutelt, wie die nassen Hunde, wär' noch viel grauslicher als wir. Ich muss schon sagen, Frau Rat, wenn ein wenig Ironie hier in Ihrem Verhandlungssaal auch Platz greifen darf: Hin und wieder waren die schon Blitzgneisser*, unsere intellektuellen Sozialdemokraten!

Daher gab's für die Sozis nur einen einzigen gangbaren Weg: Demokratisch-deutsch. Die Traumtänzer! Ich hab' ja immer gesagt, Frau Rat, mit denen ist kein Staat zu machen. Die haben eine Realitätsferne, wie allerhöchstens ein Religionsgründer. Rundherum in Europa kaum Demokratie, vor allem keine rassenrein deutsche, und unsere famosen Sozis sind demokratisch-deutsch. Gratulation, Frau Rat!

Und wenn das alles nicht schon schwierig und undurchschaubar und in unserem heldenhaften Abgrenzungsabwehrkampf unerträglich genug gewesen wäre, kommen auch noch die Kommunisten daher, mit ihrem Nationalgeschwafel. Bitte, das muss man den Sozis ja lassen, sie haben die Kummerln immer klein gehalten, deren Rätefantasien regelmäßig mit der gemeinen Marxistenschere zurückgestutzt. Aber jetzt, nachdem die Sozis bedauerlicherweise so versagt haben im Bürgerkrieg, für die Kommunisten hätte der, wie für uns, ein bisserl länger dauern dürfen, sind die Linksradikalen stärker geworden. Haben Zulauf bekommen von den, nun gar nicht mehr so bürgerlich-liberal aufgesetzten Sozis. Februarkommunisten*. Die sind jetzt richtig angeschwollen.

Haben sie also nachgedacht, die Kummerln, was denn ihre Nation so sei. Und nachdenken, Frau Rat? Nachdenken? In einer Diktatur immer schlecht. In unserem doch etwas prekären, politisch wie ideologisch weiter nicht übermäßig gefestigten entschuldbarem Notstandsprojekt besonders unangebracht. Und wenn sie schon nachdenken müssen, diese unzuverlässigen russischen Sendboten, warum dann immer so ganz anders als wir? Das haben wir dann eh ein bisserl eindämmen können, das unstrukturiert-unzuverlässige Nachdenken über unser restauriertes Bildungssystem, in unserem entschuldbaren Notstandsprojekt. Ihr rotes Gesindel, haben unsere Lehrer unser Programm stimmungsvoll in die Schulstuben übersetzt, ihr rotes Gesindel gehört nicht in die Schule, sondern auf den Misthaufen!

Und die Kommunisten waren immer voller Trutz. Völlig uneinsichtig, Frau Rat. Trotzdem nachdenken, haben sie queruliert, wir wollen nachdenken, wie wir wollen! Deshalb waren die ja auch so gefährlich. Sicher, wie gesagt und allein schon in präventiver Notwehr, haben wir ihre Brut, soweit's nur irgendwie möglich war, zurücksortiert auf der Bildungsleiter. Eine subversive Intelligenzija, das hätte mir gerade noch gefehlt.

Und dann kommen die Kommunisten, die ja immer ein internationales Gesindel und schon aus vermutlich bereits genetisch angelegten Charaktermängeln nie ein würdevolles und anständiges Nationalgefühl entwickeln konnten, plötzlich und spontan drauf: Sie sind jetzt Österreicher. Ganz schwierig, Frau Rat. Ganz, ganz schwierig. Wir, die Guten, haben mit all unserer Kraft, mit allerletztem, staatstragendem Engagement unser entschuldbares Notstandsprojekt, diese wohldurchdachte, allein schon landschaftlich so wunderschöne, hoffnungsfrohe Diktatur zum Wohle aller Österreicher geschaffen, aber die einzigen Österreicher in diesem schönen Land waren nun die Bolschewiken!

Die Vorsehung

Wie immer hatten wir also die Last alleine zu schultern, Frau Rat. Das war wohl unser Schicksal, das Schicksal unseres schönen Österreich. Ganz allein und einsam haben wir unseren heldenhaften Abwehrkampf gegen die Nationalsozialisten führen müssen! Nicht einmal die Sozis, die Großmäuler, haben uns da helfen können, die haben ja nix mehr gehabt. Keine Organisationen, keine Presse, keine Marie*, keinen politischen Einfluss. Haben wir ihnen ja alles genommen. Die Sozis haben uns also schmählich im Stich gelassen. Die wären an sich die natürlichsten Feinde unserer Feinde gewesen, hat sogar der Thomas Mann* behauptet.

Der Thomas Mann, im Übrigen, der hat uns auch noch unterkommen und seine unqualifizierten Kommentare abgeben müssen. Hat ihn schließlich keiner gefragt. Der Thomas Mann, Frau Rat, der hat es notwendig. Der Wendehals. Wie hat der doch, bei Ausbruch unseres, die deutschen Seelen, hüben wie drüben, so fachgerecht therapeutisch reinigenden Stahlgewitters 1914 recht schön und wohlgesetzt formuliert? Ein flammendes Schwert, hat er geschrieben, werde dieses blamable, dekadente Gleichgewicht in Europa ebenso zerschlagen wie das rückständige Russland. Das wäre doch eine taugliche Grundlage gewesen, Frau Rat, für eine vernünftige und geopolitisch berechenbare Ausrichtung in Europa.

Aber was der dann später, der Mann, wie ihn sein unnötiger Nobelpreis schon ganz und gar charakterlich verdorben hat, so alles dahingefaselt hat: über die Humanität und ihre gesellschaftliche Gestaltung, und immer so salbungsvolle Worte! Dieses peinliche Gesülze! Da hat man endlich erkannt, welch' Geistes Kind dieser Mann doch ist. Der hat nie wirklich verstanden, dass man mit Demokraten schon aus hygienischen Gründen, also grundsätzlich und radikal, aufräumen muss.

Und überhaupt, unsere Künstler und Intellektuellen, Frau Rat. Die sind wahrlich ihr Geld wert. Hüben wie drüben unserer gemeinsamen deutschen Grenze. Ein Wahlaufruf nach dem anderen. Nicht für uns, Frau Rat, wo denken Sie hin? Für die Ungeraden, selbstverständlich. Für die Sozis also, für das Pack, haben ja sonst keine Ungeraden mit reellen Chancen kandidiert. Noch bei den zwei letzten Parlamentswahlen, 1927 und 1930, die wir noch zähneknirschend zulassen haben müssen, bevor wir den Wahlfirlefanz endgültig abgedreht haben, haben sie für die roten Sozial- und Bildungsfantasien plakatiert. Vor allem in unserer Marxistenhochburg, in Wien. Der Musil. Der Werfel*. Und sogar der Freud. Alles Juden oder sonstige Ungerade. Die haben sich was getraut, Frau Rat. Da haben wir gleich gewusst, aus denen werden keine Staatskünstler. Jedenfalls so lange nicht, wie wir etwas zu sagen haben, in diesem, unserem Land. Und Hochschulprofessoren schon gar nicht.

Sicher, jetzt in diesem seltsamen Politsystem heutzutage, Frau Rat, darf man wieder behaupten, wir hätten vierzig Prozent der Bevölkerung, den Wählern der Sozis, und anderen liberalen Einstückdeswegesmitihnengehern jede politische Perspektive genommen. Sie um Freiheit, Arbeit und Recht gebracht. Und einen Teil von ihnen, die ohnehin nie recht gewusst hätten, warum sie bei den Ungeraden sind, geradezu in die Arme der Nationalsozialisten getrieben. Geht's noch, Frau Rat? Unsere Türen waren immer offen. Einheitspartei, Einheitsgewerkschaft. Rechtgläubige, weil katholische Einheitskirche. Hätten s' nur kommen brauchen. Mit offenen Armen hätten wir sie aufgenommen, die verlorenen Schäfchen. Mitmachen. Sich einbringen. Konstruktiv eben. Aber, so verbohrt und verhetzt wie die waren? Vergebliche Liebesmüh, Frau Rat.

Und wenn der Preis für unsere Selbsttreue, für die Treue zu unserer Volksgemeinschaft, wenn der Preis für all unsere Opfer die Einsamkeit ist? Dann ist dieser Preis zu zahlen. Charakter ist niemals wohlfeil. Und man kann durchaus sagen, Frau Rat: Ein Gefühl der Einsamkeit ist zuweilen durchaus aufgekommen. Das Nichtverstandenwerden, das Nichtakzeptiertwerden bei breiten Bevölkerungsteilen, das hat schon genagt an einem, in stillen Stunden. Aber da musst du stark bleiben, habe ich mir gesagt, hat mir auch meine Frau gesagt, tagtäglich, festbleiben, allen Anfeindungen zum Trotz, leise aufkommende böse Geister der Müdigkeit und des Selbstzweifels bannen. Die Fiebertümpel der Schwäche in den warmen Strahlen der göttlichen Sendung austrocknen. Man hat eben den Preis des rechten Weges in den Ablassbeutel einzuzahlen. Man hat eben das wahre Opfer des christlichen Martyriums zu tragen. Wir allein. Ich allein.

Und wie die göttliche Vorsehung nicht anders erwarten ließ, war ich, *Agnus Dei**, ich, der Märtyrerkanzler, das allererste Opfer unseres opferreichen Abwehrkampfes. Da sieht man wieder einmal, Frau Rat. Auch als Märtyrer waren und sind wir Österreicher die Deutschesten der Deutschen, die Auserkorenen im auserkorenen Volk. Selbst die Vorsehung haben wir im Kern besser verstanden als der Hitler. Der hätte seine Sendung gar nicht immer so heraushängen lassen müssen. Wir waren eben christlich fundamentiert im Urknall der göttlichen Schöpfung sozusagen, als schon phänomenologisch alles irdisch zu Geschehene im göttlichen Plan unveränderlich und unausweichlich festgelegt war. So auch mein tragischer Tod. Phänomenologische Prädestination! Da kann dieser usurpatorische Schicklgruber*, mit seiner gottlosen Gottgläubigkeit, theologisch dilettieren wie er will. Nur eine rechtgläubige Vorsehung ist eine Vorsehung, die dieses Prädikat auch verdient.

Vorsehungstechnisch hätte ich den Putsch der Nationalsozialisten im Juli 1934 also erahnen können, ja erahnen müssen. Ich habe aber wohl die Sendboten der Vorsehung, die regelmäßig ihre Anstandsbesuche bei mir absolviert haben, nicht sorgfältig genug interpretiert. Ein Fehler gewiss, Frau Rat. Aber ich habe Ihnen ja schon genug Einblicke in die emotional-gesellschaftliche Verfasstheit dieses Landes und vor allem seiner verantwortungsbewussten Lenker geboten. Was war das doch für eine heiße politische Phase damals! Da verliert man zuweilen den Überblick. Die Neuordnung eines ganzen Gemeinwesens war ich der politischen Sendung schuldig, nicht mehr und nicht weniger. Das muss man sich einmal vorstellen. Und dann von überall Querschüsse! Selbst meine christlichsozialsten Freunde, denen ich das Soziale verboten hatte, und schon gar nicht meine sonst so hilfreichen, aber oft auch unzuverlässigen und zeitweise schon recht mühsamen Heimwehrgrafen haben nicht so recht verstanden, warum sie jetzt in meiner Sendung, die freilich sendungsbedingt ihre eigene sein musste, aufzugehen hatten. Und damit in unserer schönen vaterländischen Einheitsfrontpartei.

Aber das ist halt so, Frau Rat, das ist ja schon definitionsmäßig nicht anders möglich, als dass in einer Diktatur eben nur der Diktator das letzte Wort haben kann. Wozu also Parteien? Da ist ja schon eine einzige Partei ein Luxus.

Was ich damit konkret sagen will? Ich hatte unendlich viel zu tun. Spät abends erst essen, mit meiner lieben Frau, mit Magendrücken dann ins Bett, zuweilen Reflux. Da bleibt wenig Zeit, die Vorsehung entscheidungsrelevant zu reflektieren.

Die Nationalsozialisten putschen also gegen unser entschuld- bares Notstandsprojekt im Juli 1934, schon die zweiten in diesem Jahr, ein Kreuz! Das war natürlich nun etwas ganz Anderes als unser präziser und zeitgerechter Putsch sechzehn Monate zuvor. Unverant- wortlich. Unentschuldbar war er, der Putsch der Nationalsozialisten, nicht unserer, freilich. Weil wir haben ja ein legitimes Ziel gehabt, nämlich Österreich vor den Demokraten und Marxisten zu retten. Hingegen haben unsere nationalsozialistischen, vom Obersalzberg gesteuerten mitstreitenden Grundsatzkombattanten ein Kanzleramt gestürmt, das ja bereits vortrefflich die eigenen, ich kann es nicht oft genug betonen, unsere gemeinsamen Hauptziele verwirklicht hatte.

Alles in allem also ein Egotrip unseres reichsdeutschen Gröfaz, der diesen verbrecherischen Anschlag auf unser so gemäßigtes, ja geradezu gemütliches Notstandsprojekt mit enormer krimineller Energie eingefädelt hat. Ein Anschlag freilich auch auf unsere sich so erfreulich festigende europäische Gesinnungsgemeinschaft. Gegen unsere gemeinsamen europäischen, vielleicht eines Tages, man soll die Hoffnung nicht aufgeben, gar universellen Werte.

Immerhin, unser *Role Model*, der Mussolini, ist Gewehr bei Fuß am Brenner gestanden, um Schlimmeres zu verhindern, im allerschlimmsten Fall auch den allerletzten Blutstropfen des treuen Italien, er hat es mir in die Hand versprochen, zu opfern. Wie damals schon, im großen Krieg, in den hohen, unsere Waffen- brüderschaft trennenden Berge. Diesmal allerdings, um uns zu verteidigen, gegen unsere damaligen Waffenbrüder. Oh, Frau Rat, unsere treuen, selbstlosen Italiener! Wie prächtig, gesund, männlich und stark hat er doch posiert, mein Benito, mein Freund, wie gerne erinnere ich mich an ihn in der Badehose, ein Latin Lover, neben meiner austriakischen Männchenphysiognomie, bei unserem legendären Meeting in Riccione! Da hab' ich gewusst, bei so viel gesunder, gebräunter Kraft, da kann's nur gut werden.

Aber der Hitler, der hat's eben nicht verstanden. Kein Gemeinschaftssinn, kein G'spür für das gemeinsame Ganze. Vielleicht hätt' er sich einmal hineinsetzen sollen in unsere notstandsaffinen Bildungseinrichtungen, wieder die Schulbank drücken, war bei ihm ohnehin viel zu kurz gekommen. Ein wenig lernen, an unseren Schulen und Universitäten. Und nicht herumlungern in unseren Obdachlosenheimen und Suppenküchen. Und genau auf unsere Parolen hören, die wir im Lehrplan gerade auch als vertrauensbildende Maßnahme für ihn, den Hitler, ausgegeben haben: *Getrennt marschieren, gemeinsam schlagen!* Dass der Hitler sein eigenes Sendungsbewusstsein einfach nicht in halbwegs vernünftigen Schranken halten, unseren faschistischen Pluralismus, von Portugal bis ins Baltikum, nicht akzeptieren und leben konnte, war der Anfang vom Ende eines politischen Jahrtausendkonzepts.

So sind sie also reingestürmt, in unser abwehrkampfgerüstetes Notkanzleramt, ohne jede Kultur, roh und ungehobelt wie sie eben waren, diese Barbaren! Ein Planetta*, ein Holzweber, ein Prochaska, mit hundertfünfzig weiteren in der Hackordnung zu kurz Gekommenen. Sie alle als Staatsmacht verkleidet, anders als die Sozis, fünf Monate zuvor, die waren ja, an sich und nach der Verfassung, muss man zugeben, tatsächlich die Staatsmacht.

Alles untadelige Sendungsbewusste, aber eben, und das macht bei den Nazis den entscheidenden Unterschied, Frau Rat, zwar Idealisten in unserem Sinne, aber radikal sozialisierte. Teils mit List, teils im Sturm genommen, unser schönes Kanzleramt! Auch die RAVAG in der Wiener Johannesgasse, unsere Rundfunkstation, haben sie besetzt. Weil Sendebewusstsein, Frau Rat, braucht ungestörte Sendezeit. Wie anders hätte der Rintelen* denn sonst erfahren mögen, dass er jetzt statt meiner Kanzler ist?

Es ist gekommen, Frau Rat, wie es kommen musste. Ich selbst das allererste Opfer im Abwehrkampf! Kein Duell auf Leben und Tod allerdings, wie sich das ein schneidiger Offizier gewünscht hätte, leider. Auge in Auge, das wär' schön gewesen. War eher ein unwürdiger Raufhandel. Der Planetta, als notorischer Arbeitsloser und Ausgesteuerter gewiss nicht satisfaktionsfähig, hat abgedrückt. Dann ein weiterer Schuss, von einem weiteren Feigling. Alles in allem erbärmlich, Frau Rat. Da sterb' ich einen wahren Heldentod, und dann wird das so laienhaft inszeniert. Da sieht man's wieder. Immer präpotent die Nazis, die reichsdeutschen sowieso, immer die Nase oben und die Goschen offen. Immer haben sie alles besser gekonnt. Und wenn's dann drauf ankommt, mitleiderregende Stümperei. Das hätt' ein Kaiserschütze* wahrlich sauberer hingekriegt!

Und den Priester haben sie mir auch verweigert. Nix mit einem der unseren, auf Krankensalbung spezialisierten Monsignores*. Dabei hätte gerade ich so einen Brückenbauer ins Paradies schon recht gut gebrauchen können. Man kann ja nie wissen, Frau Rat, wie der Weltenrichter beim Jüngsten Gericht so, prozesstechnisch mein' ich, agiert. Wie der unsere irdische Causa in seiner himmlischen Gesamtbetrachtung so sieht. Der hat ja über sich niemanden mehr, nur Gleichrangige in der Dreifaltigkeit. Der verfährt ja sozusagen völlig abgehoben mit mir. Gar noch unzuverlässiger womöglich als das richterliche Fachpersonal, vor dessen führergerechten Neuordnung in unserem entschuldbaren Notstandsprojekt.

Man soll sich immer die Lebensläufe der Richter anschauen, Frau Rat, wenn man sich ein Urteil machen will, welches Urteil man zu erwarten hat. Und schließlich war ja der Prophet, bevor er zum Pantokrator* aufgestiegen ist, ja irgendwie auch ein Sozi. Ich sag' nur ein Wort: Bergpredigt. Sicher kann man sich niemals sein, und schon gar nicht in den bangen Minuten vor dem Richtspruch, wie so einer unser entschuldbares Notstandsprojekt denn so gesamthaft beurteilt. Da bleibt immer ein Restrisiko, das nicht klein zu reden ist.

Die Erbschuld

Kein Priester also. Arzt sowieso nicht. Letzterer hätte das Martyrium vielleicht noch verhindern können. Wär' aber auch, andererseits, ich meine, Frau Rat, in der historischen Bewertung und Bedeutung insgesamt, der meinigen mein ich, schade gewesen.

Dazu eine Einsamkeit, eine fast unheimliche Stille, die freilich dem Märtyrer nicht unangemessen sein mag. Und doch, wie ich mich erinnere, etwas gewöhnungsbedürftig. Ich verspürte großes Verlangen, dass man mich, hilflos wie ich so dalag, aufrichten möge auf meinem Kanapee. In meinen, auch metaphysisch mittelalterlich geprägten Visionen hatte ich größte Sorge, dass ich einschlummere und, noch vor meinem endgültigen Hinscheiden und der unmittelbar danach zu erwartenden Aufnahme in die erlesene Schar der christlichen Märtyrer, mich doch noch der Teufel holen könnte. Im Sitzen, Frau Rat, das hat schon der Luther, der engste Vertraute des Antichristen, messerscharf erkannt, Frau Rat, ist man gegen solche unvermittelten Überfälle höllischer Dämonen doch wesentlich besser gewappnet.

Und wie ich so kämpfe, gegen das ein Martyrium womöglich noch gefährdende Einschlafen, da ist mir sogar der seltsame Gedanke aufgestiegen, schön wär's irgendwie doch, wenn jetzt eine kleine, aber repräsentative Delegation der Sozis vorbeikäme. Der Renner* vielleicht, mit dem hat man ja auch hin und wieder einmal reden können, der Schärf vielleicht auch, meinetwegen auch der Bauer. Vielleicht hätten wir ja doch öfter mal gemeinsam essen gehen sollen. Oder zum Heurigen. Am Totenbett kann man schon auch einmal großzügig sein, und selbst Todsünden, wie ihren Hochverrat an Land und Volk, vergeben. Niedergekniet wären sie vor meinem Totenbett, die gottlosen Marxisten, und hätten Abbitte geleistet, dass sie in ihrer Verbohrtheit und in ihrem destruktiven Eigennutz nicht erkannt haben, dass ich immer nur das Beste gewollt und getan habe, für dieses schöne Land, für alle Menschen dieses schönen Landes. Selbst für sie, die sie mich immer bis auf's Blut sekkiert* haben.

Mit Tränen in den Augen wären sie dagestanden, die armen Sünder. Und Dank hätten sie mir ausgesprochen. Voll Einsicht, dass sie weder meine Güte noch meine schwere, pflichterfüllende Sendung bislang richtig würdigen konnten. Besser spät als nie. Liebe gar, hätten sie empfunden, die Sozis. Für mich. Für ihn, unseren Märtyrerkanzler. Getroffen von ihrer eigenen Betroffenheit. Gerührt. Statt ihrer drei Pfeile, drei Turibula* in den Händen, drei Weihrauchfässchen, Frau Rat, die Kettchen verlegen in den unruhigen Händen. Drei kleine Fässchen nur, Frau Rat, da bin ich nicht so streng, bei der Buße, sicher nicht so schwer wie jenes, das im Dom in Santiago de Compostela von der Decke hängt, obwohl eine solche Bußlast doch viel angemessener gewesen wäre.

Gewiss, den Bauer hätte man aus seinem böhmischen Versteck holen müssen, für diesen kranksalbenden Besuch. Und der Schärf wäre ein paar Stunden aus unserem Anhaltelager zu beurlauben gewesen, aber da hätte unser heimwehrendes Wachpersonal sicher Verständnis gehabt. Wenn ein wichtiger Grund vorlag, waren die gar nicht so. Da denke ich, der Dispens wäre bei vorherigem ordnungsgemäßem Ableisten einiger reuefördender Kniebeugen gewiss gewährt worden. Schließlich waren wir ja, ich darf es nochmals betonen, Frau Rat, ja bloß autoritär. Die sittliche Pflicht war uns immer heilig.

Aber das sind, ich denke, Frau Rat, alles in allem bloß Wunschvorstellungen, Halluzinationen eines Hinscheidenden gewesen. Antizipationen einer besseren Welt, der ich entgegengedämmert bin. Ich denke nicht, dass all' meine so umsichtig gesetzten pädagogischen Maßnahmen wie Hinrichtungen, Freiheitsentzug oder Exilierung tatsächlich zu aufrichtiger innerer Einkehr und wahrer Sühnebereitschaft in der marxistischen Community geführt hatten. Den Sozis war eben nicht zu trauen. Mein Vertrauen hatten sie, wie dargelegt, ja vielfach schon zu meinen Lebzeiten missbraucht, da wäre ihnen auch im Angesicht der Majestät meines Todes alles zuzutrauen gewesen. Wer weiß, vielleicht hätten sie gar, die Sozis, ihre drei Pfeile aus den Gewandfalten hervorgezogen und so, vielleicht auch nur in Unkenntnis der Grundlagen christlicher Heilslehre, noch meinen heldenhaften Märtyrertodeskampf verkürzt?

Es ist doch erstaunlich, Frau Rat, wie unterschiedlich sich das *Peccatum originale*, die alle und jede patinierende Erbsünde, an den Menschen, an jedem Individuum in seiner verzichtbaren Vielfalt zeigt. Gerade bei den Sozis scheint sie phänomenologisch besonders stark an die Oberfläche zu treten. Das mag, ich habe lange darüber nachdenken müssen, Frau Rat, wohl am ehesten daran liegen, dass sie dem rechten Glauben längst verloren waren. Immer nur die Marx-Bibel studieren und unseren Erbsündenkreator im Herrn, unseren visionären Kirchenvater Augustinus links liegen lassen, das macht schlechtes Karma.

Denn der Schlüssel zum Paradies unseres Herrn ist und bleibt der Augustinus. Unser Augustin, der ist es allerdings recht humorbefreit angegangen. Ganz anders als sein Wiener Namensvetter, Sie kennen den ja, den lieben Augustin? Diesen Schmähbruder* und Bänkelsänger*, der seinerzeit, noch immer etwas angeheitert vom Vortage, aber gesund und munter, mit Spiel und Klang, dem Massengrab entstiegen ist und damit, dem Tod die Stirn bietend, Land und Volk vor der Pest gerettet hat?

Aber auch unser Kirchenvater Augustinus*, um seine Ehre zu retten, ist in puncto Phantasie unserem späteren Ideal, ja dem morbiden Idol aller Wiener, unserem lieben Augustin, nur wenig nachgestanden. Und ein absoluter Steher war er, unser Kirchenvater Augustinus. Ein erzbischöfliches Hippo aus Hippo, dem afrikanischen Brückenkopf am Meer, ein Schlachtross, das Breschen schlägt für sämtliche göttlichen Wahrheiten, die so eine Religion in zweitausend Jahren zusammensammelt. Und mit dicker Haut war er ausgestattet, der hätte wahrlich getaugt für einen Notstandsprojektleiter, Frau Rat! Dieser Hippo aus Hippo, unser Augustinus, hätte sie lehren können, die Sozis, was ein wahrer Gottesstaat ist, da waren selbst wir mit unserem entschuldbaren Notstandsprojekt nur dilettierende Epigonen.

Aber ein wenig müssen sie ihn doch gelesen haben, vermute ich, die uneinsichtigen Kritiker unseres Notstandsprojekts, die ruchlosen Aufrührer im Februar 1934 sowieso, aber auch die linksliberalen Schmierer, unseren Chefideologen der Spiritualität. Auch ein strammer Konservativer wie der Spitzmüller*, wo man glauben möchte, der wär' ein wenig verlässlicher. Ein Journalist, den ich einmal als durchaus kompetent kennengelernt und trotzdem nicht eingesperrt habe. Gar kein so ungerader Mensch, für einen Zeitungsschmierer halt, Frau Rat, war mir nicht wirklich und grundsätzlich unsympathisch. Aber man kann eben nicht hineinschauen in die Menschen und ihre dunklen Flecken auf Anhieb erkennen, auf der an sich lichtgeraden Seele. Enttäuschend der Mann, aber ein gutes Beispiel dafür, was, Frau Rat, trotz all unserer redlichen Bemühungen, vor, in und nach unserem entschuldbaren Notstandsprojekt in den Redaktionsstuben so alles zusammengelogen wurde.

Denn der Mann, vom geraden Wege leider abgekommen, hat, wie ich vermute, ernsthaft gemeint: Die Sozis wären im Februar 1934 selbst nach der Widerstandslehre unseres Augustinus, unseres allervordersten Kirchenvaters und Brückenbauers, zum Aufstand gegen unser entschuldbares Notstandsprojekt legitimiert gewesen.

Na, famos. Ich hab' ja immer die wie ich meine wohlbegründete Meinung vertreten, Frau Rat, dass man sogar die vornehmsten Schriften unserer Menschheit wesentlich kürzer und prägnanter hätte verfassen können. Das gilt selbst für unseren so trefflichen Augustinus. Gottesstaat hätte völlig zugereicht. Widerstand geschenkt.

Andererseits, Frau Rat, wo kämen wir hin, wenn wir diese, von der Erbschuld so vornehm Gezeichneten, nicht unter uns hätten. Ohne jetzt den Theologen spielen zu wollen, Frau Rat, ich bin ja nur Doktor des Kirchenrechts, nicht Doktor der Kirchenmystik, aber denken Sie nach, Frau Rat. Ist es nicht so, dass ohne Sünden auch die Erlösung obsolet wäre und, wenn ja, was dann? Existenzkrise. Nahezu unlösbar. Für unseren Erlöser ohne Erlösungsbedarf im

Himmel ebenso wie für unser entschuldbares Erlösungsprojekt hier auf Erden. Barmherziger!

Daher messerscharf geschlossen: Die Erbsünde war und ist ebenso Voraussetzung für einen gedeihlichen Erlösungsprozess in das göttliche Heil wie unabdingbar für unser entschuldbares Notstandsprojekt. Nicht umsonst ist das *Peccatum originale* Fundament, ja Motor unserer europäischen Zivilisation. Jahrhundertelang haben wir es gepflegt, in unserem ausschließlich auf christliche Werte gebauten Europa, vor allem in den kurzen Friedensperioden im permanenten Krieg.

Und dann ist uns eben eine epochale Irrlehre, wohl der schwerste Webfehler der Geschichte, die Aufklärung und der Säkularismus, in die Quere gekommen. Wie auch immer, auch wenn eine Totenbettdelegation mit Weihrauchfässchen, Frau Rat, ein wenig devotes Bitten um irdisches und transzendentes Erbarmen gewiss schön gewesen wäre, bleibt das Glas, wie dies in Österreich nun mal so ist, doch halbvoll: Den erbschuldnerischen Sozis muss man schon aus Gründen der Dialektik dankbar sein. Ohne sie kein erlösender Gott, ohne sie kein entschuldbares Notstandsprojekt! Wenn ich nicht aufpasse, Frau Rat, drifte ich in meiner Altersmilde gar noch in die Sentimentalität der Toleranz.

Na, da bin ich also so dagelegen, auf meinem Sterbebett, ohne letzte Ölung, ohne einen aufmunternden Krankenbesuch, aber auch ohne Verlegenheit, gar doch noch vergeben zu müssen. Und da sind mir noch so Gedankenfetzen durch den Kopf gegangen, ein Ringen um Zusammenhänge, vielleicht eine letzte Wahrheit. Mein irdisches Tun, meine Opfer für dieses Land, für dieses Volk sind im spärlichen Licht der schon heraufdämmernden höheren göttlichen Wahrheit an mir vorbeigezogen. Eines kann ich Ihnen versichern, Frau Rat: Das aufrichtige Ringen mit der Erkenntnis gewinnt man erst, wenn einem der ultimative Ringrichter den rechten Arm in die Höhe hält. Mit dem Beginn der Verwesung, quasi.

Die Verwesung

Das war ich jetzt also, Frau Rat: jüngster amtierender Kanzler, jüngster toter Führer. Ich bin ja, zu meinen Lebzeiten, immer bescheiden aufgetreten, das kommt recht gut an bei der gemeinen Plebs, den einfachen Leuten. Da sagen sie sich, sicher, der könnt' sich was leisten, aber er tut es nicht, weil er doch irgendwie einer von uns ist. Und gibt alles seiner Frau. Na, aber dennoch, für die Grablege, da heroben in Hietzing, hätten sie sich schon ein bisserl mehr Mühe geben können, meine Freunde und treuen Anhänger. Irgendwie enttäuschend. Sehr enttäuschend.

Bescheiden, wie gesagt, war ich im Leben. Das hätte mehr als genügt. Jetzt, nach meinem Märtyrertod hingegen, wäre wohl doch ein staatstragendes Statement angesagt gewesen. Eine repräsentative Ruhestätte, einem wahren Führer, schon gar einem toten, angemessen.

So wie für meinen Kollegen in Spanien, meinen Bruder im Herzen, Franziscus*. Dessen glorreiches, dreijähriges Ringen um die Installierung seines eigenen Notstandsprojekts habe ich ja nicht mehr miterleben dürfen. Seine Sendung, seinen unerschütterlichen Glauben an eine bessere Welt, als er übersetzen musste, stolz am Bug, von Afrika, um seine Heimat, die Ehre seines Volkes, letztere vor diesem selbst, zu schützen, vor der marxistischen Flut einer demokratisierenden Republik. Der Erfolg, Frau Rat, spricht für sich: Vierzig Jahre haben Land und Volk, nach jahrhundertelanger Reconquista gegen die Mauren und eine dreijährige, gegen eine nicht weniger glaubenszersetzende, demokratische Republik, die wiedererrungenen Errungenschaften unserer europäischen Gesinnungsgemeinschaften genießen dürfen.

Im Valle de los Caídos*, im Tal der Gefallenen, hat sich unser wohl erfolgreichster und nachhaltigster Caudillo* eine Nekropolis bauen dürfen, eine Totenstadt, die alle Stückerl spielt. Und im Zentrum dieses erhabenen Monuments, eher eine Ruhmeshalle als ein Mausoleum, unter einer wunderschön geschliffenen

Granitplatte: Er. Freilich, sein tatsächlich gefallener, wenn auch nur hingerichteter Mitstreiter, sein guter José Antonio, sein treuer Josefanton, Primo de Rivera*, der ihm, dem späteren Caudillo, Bewegung und Hegemonie verschafft hat mit seiner Falange*, war schließlich auch irgendwie zu berücksichtigen. Der wurde zwar auch justifiziert, hingerichtet, das hat immer so einen unguten kriminellen Beigeschmack. Anders aber als die marxistischen Galgenvögel im Februar 1934, die wir der göttlichen Gerechtigkeit überantworten mussten, völlig zu Unrecht. Ergo: ein Held und ein Märtyrer unseres europäischen Kreuzzuges, unserer Reconquista*.

Und ein großer Dichter, eine Hymne hat er Spanien und uns allen geschenkt, *Cara al Sol*. Von einer literarischen Qualität, sapperlot*. Da könnt selbst mein trefflicher Kernstock vor Neid erblassen.

Gleich gegenüber hat er ihn gelegt, der Franco, seinen Josefanton, in die Ruhmeshalle. Die Platte: gleiche Größe, gleiche Ausstattung. Zwillingsgräber. Aber, auch wenn er, der Josefanton, sein Leben lassen musste unmittelbar im Kampf um das uns verbindende, notstandbedingte Gute, ein wahrhaft Gefallener, wie ich, Frau Rat, ein Märtyrer wie ich wird der allerdings nie: immer nur zweite Klasse.

Das hat auch der Franco messerscharf erkannt. Denn was wahrhaft zählt im Auge der heranpilgernden Getreuen, im Valle de los Caídos, ist er. Der Caudillo, der Größte, der Führer. Er. Franciscus*. Franco.

Was mich etwas wurmt, Frau Rat, ist diese Rosstäuscherei beim Franco, diese Anmaßung, die hat der doch gar nicht nötig. Gibt sich jetzt als gefallen. Aber gefallen, Frau Rat? Der? Der Franco? Wohl eher nicht. Tagelang haben sie ihn am Infusionstropf hängen lassen, schon 1975, so lange hat er ausgehalten, Frau Rat. Weil, so einen Diktator einfach sterben lassen, ist ein Wagnis für die gesamte politische Entourage. War ja beim Stalin seinerzeit gar nicht anders. Weil so eine diktatorlose Zeit schafft immer Unsicherheit, keiner weiß so genau, kommt er jetzt selber dran oder unter die Räder seines Konkurrenten. Und außerdem hat man ja die Hoffnung damals noch lange nicht aufgegeben, einen halbwegs zuverlässigen Nachfolger für ihn, den an sich unersetzlichen Caudillo, zu finden. Vergeblich, wie wir wissen, der von ihm selbst designierte königliche Nachlassverwalter sollte erbärmlich versagen und dieses, unter der weisen Hand Francos geeinte und versöhnte Land wieder in die Wirrnisse der Demokratie und damit in den politischen Abgrund stürzen.

Von gefallen also keine Rede, Frau Rat, bei all meiner sonstigen Wertschätzung für unseren erfolgreichsten und langatmigsten Kollegen. Wenn da schon einer gefallen ist, dann wohl ich, der Gefallenste unter all den gefallenen europäischen Notstandsprojektsleitern. So viel Selbstbewusstsein, bei aller Bescheidenheit, Frau Rat, muss sein. Der Hitler, könnte man einwenden, ist auch gefallen, aber den zähl' ich nicht wirklich zu unserem internationalen Projektteam. Der Hitler war, was er eben war: ein vielfräßiger Totengräber unserer Bewegung. Die Selbstfällung, mit Zyankali und Kopfschuss, hätte ihm durchaus früher einfallen können.

Jetzt aber wollen sie ihn raushaben, aus seiner Totenstadt, den Franco, die von der Erbschuld getriebenen Sozialisten und andere Ungerade. Die Feiglinge. Jetzt, wo er sich nicht mehr wehren kann. Sie wollen die Grabplatte heben, die wiedererweckten Marxisten, und ihn entführen aus seiner vertrauten Umgebung, aus seiner liebgewonnen Gemeinschaft der tausenden Gefallenen, ob die nun für ihn fallen wollten oder nicht. Irgendwohin soll er verfrachtet werden, unser letzter Führer, der dem Unrecht der Gedenkamnesie getrotzt hat wie keiner von uns; irgendwohin soll er kommen, wo es nicht so viele Gedenkprozessionen unserer allertreuesten Anhänger gibt. Die meisten Spanier hingegen, habe ich mit Entsetzten aus der heutigen, gleichgeschalteten Presse vernommen, würden ihn wohl am liebsten überhaupt verschwinden lassen. Spurlos. In Salzsäure am besten.

Aber seine Familie, die kämpft. Kämpft einen heldenhaften Kampf um Anstand. Um Würde. Um Gerechtigkeit. Kämpft bis zum obersten Gerichtshof. Wenn man schon, Frau Rat, als Nachkomme eines Caudillos einen demokratieverseuchten Rechtsstaat, ohnehin eine Zumutung und Demütigung an sich, erdulden muss, warum ihn dann nicht auch nützen, wenn man ihn einmal braucht? In den Almudener-Dom* in Madrid soll er einziehen, wenn er schon nicht bei seinen Gefallenen bleiben darf, so der innerlichste Wunsch der Familie. Da kann man dann jeden Tag frische Blumen niederlegen. Ein Bouquet von Rosen, immer noch am passendsten vierzig Stück am Stück, rot und gelb, in den Landesfarben des beglückten und dankbaren Volkes und freilich auch ein paar rote Nelken, warum auch nicht, man darf sich auch von den Ungeraden mal was borgen, gerade in dieser Stätte der Versöhnung. Keine Pasionaria. Passionsblumen verbitten wir uns, auch unser guter Geschmack hat Grenzen.

Lorbeer und Kiefernreisig. Eichenlaub. Und was sonst noch unser pluralistischer, europäischer Sippenverband so an Botanik ablegt. Selbst Kornblumen, das ist ja heutzutage, in unserer großen, weltumspannenden Familie, Gott sei Dank, nicht mehr so genau. Und andächtig im großzügigen Kathedralenhalbdunkel die versunkenen glorreichen Zeiten beweinen. Denn die Zeiten, die guten alten, müssen vielleicht gar nicht ewiglich verflossen sein. Und ein paar Tränen für unseren Caudillo dürfen sie meinetwegen auch vergießen, unsere treuen Andachtstouristen, stellvertretend für all unsere in Gott verblichenen Projektleiter. Da kann man durchaus auch einmal in Bescheidenheit zurückstehen als österreichischer Märtyrer.

Das wär' doch auch etwas für mich, Frau Rat, eine kathedrale Grablege! Stephansdom. Ja, warum denn nicht? Ich werde einmal mit meinen Angehörigen reden, die immer noch so liebevoll und allertreuest zu mir stehen, so viele sind's ja heutzutage nicht mehr. Ja, der Steffel, Frau Rat, wär' wirklich eine Option. Da könnt' ich endlich zur Ruhe kommen. Die Seele baumeln lassen. Aufgebahrt irgendwo zwischen Rudolf dem Stifter* und Friedrich dem Dritten*.

Der erstere ein tüchtiger Mann, ein kreativer Hochstapler und Urkundenfälscher. In seinem *Privilegium Maius* ward' endlich bewiesen, dass Österreich die Krone aller europäischen Führungsansprüche unmittelbar aus den Händen der honorigen Herren

Friedrich Barbarossa*, und überhaupt schon zu allen Anfängen, von Cäsar und Nero erhalten hat. Ohne dieses Dokument, Frau Rat, wäre unsere aktuelle legitimistische Zukunftshoffnung, unser Kronprätendent und Weinordensgroßmeister Karl von Habsburg*, das »von« lassen wir uns nicht nehmen, überhaupt kein echter Erzherzog! Der Humanist Petrarca* hat zwar gemeint, unser guter Fälscher dieser österreichischsten aller österreichischen Identitäts- und Identifikationsurkunden sei ein Esel, aber, was soll's: Es gibt eben mehr Esel als Lipizzaner.

Der andere, der Friedrich, des Reiches Erzschlafzipfelmütze, hat mit zähem Kalkül unserer vornehmsten und apostolischsten Landesgewaltsfamilie wieder für Jahrhunderte die Kaiserkrone gesichert. Wenn man sich so einem hehren Ziel entgegenhobelt, wie unsere ambitionierten Habsburger, dann fallen allerdings zeitweilig auch moralische Späne. Da muss man schon auch einmal einen lästigen Widersacher festsetzen und hinrichten lassen, auch wenn man ihm zuvor auf die Schwurhand freies Geleit* zugesichert hat. Bitte, Frau Rat, man kann, aber man muss die beiden, den Rudi und den Fritz, nicht gleich oder gar überstürzt entfernen aus dem Steffl, wenn ich dann einziehe. Sicher, meinem hohen Anspruch an Anstand können sie nicht genügen. Aber immerhin, sie haben sich bemüht.

Oh, mein Verteidiger flüstert mir gerade in's Ohr, Frau Rat, *Breaking News*. Neueste Entwicklungen in der Causa meines Bundesbruders Franco. Irgendwie muss der gute Mann davon erfahren haben, mein *Fürsprecher,* hier in Ihrem Gerichtssaal, Frau Rat, wie unsere abtrünnigen Eidgenossen zu untergeordnetem, eher unqualifiziertem juristischen Vertretungspersonal sagen würden. Irgendwie kommt mir der, mit seinem ständigen *Händehoch* als generelle, ausgesprochen defätistische Verteidigungslinie, in seinem devoten Zurückweichen vor der strukturell-aggressiven Gewalt Ihres Gerichtes schon ein wenig vor wie der Otto Bauer*. Mein zitterndes Offizierlein, wie ich ihm, seinerzeit, im Sommer 1933, sagen habe müssen: Demokratie war gestern. Und er soll sich jetzt schleichen aus meinem Büro, aus der Kanzlei des Führers.

Und dieser, mein famoser Verteidiger, hat wohl über sein Telefon jetzt Nachrichten bekommen, und schon wieder schlechte. Wohnsitzverlegung unseres letzten, grabtechnisch standesgemäß versorgten Projektleiters. Seltsames Ding, Frau Rat, ihre heutigen Fernsprechapparate, so klein, und dann überhaupt keine Schnur, mit der man spielen kann, wenn einen der Gesprächspartner zu Tode langweilt.

Ja, sagt mir mein Verteidiger, den Franco habens' nun doch umgebettet im Oktober 2019, auf irgendeinen völlig unbedeutenden Friedhof, El Pardo, wer kennt das schon, der Prado im Herzen von Madrid wär' da etwas attraktiver. Na ja, eh schon wissen Frau Rat, historisches Grab also, mehr ist für unsereines offenbar nicht mehr drinnen.

Und so sind das freilich alles vorläufig nur Zukunftsträume, Frau Rat, das mit dem Stephansdom. Aktuell schaut's anders aus. Mein Ehrengrab haben sie, wie die geschilderten Entwicklungen ja auch vermuten ließen, ebenfalls auf ein historisches Grab zurückgestuft. Behaupten rotzfrech, meine bescheidene Grablege wär' sowieso nie ein Ehrengrab gewesen! Ich bitte Sie, Frau Rat. Ein historisches Grab, das kriegt doch heutzutage jeder. Das hätte sogar der Hitler bekommen, hätten sich seine Visionen nicht in Asche aufgelöst.

Die Begräbnisfeierlichkeiten selbst hingegen, ich mein' jetzt die meinigen, konnten sich wahrlich sehen lassen. *Pompe funèbre!* Das können wir! Da gibt's nichts auszusetzen. So etwas hat selbst das nekrophile Wien schon lange nicht gesehen. Das Begräbnis ist dem Leichengang von unserem seligen Kaiser Franz Josef anno 1916 nicht viel nachgestanden. Nur dass sie mich nicht in die Kapuzinergruft gebracht haben, sondern eben auf den Hietzinger Friedhof. Eh besser, Frau Rat. Wenn die Kapuziner gefragt hätten, ob sich eine bescheidene, arme Seele ihrer Pforte nähert, weil andernfalls hätten s' mich mangels Demut nicht reingelassen, dann hätten meine Sargträger ja antworten müssen: Nein, ein Märtyrer! Und dann hätten sie mir womöglich die Tür gewiesen, die sturen Kapuziner. So einen Affront, Frau Rat, hätt' ich mir dann doch nicht antun wollen.

Die Musik hat aufgespielt, tief bewegt, die Geigen und Bratschen haben geschluchzt, unsere christlichen Burschenschafter haben sich strammstens präsentiert, in der besten Wichs*. Endlose Trauerzüge, fassungslos betroffene Wegbegleiter. Die Kruckenkreuze haben sich gefreut, dass sie leben, noch immer lustig flatternd im Wind.

Zuvor sind allerdings unsere probaten Sicherungskräfte von Haus zu Haus gezogen und haben nach dem Rechten geschaut. Da und dort haben sie freilich ein wenig anordnen müssen, die Leute in ihrer Trauer ein wenig einrichten, sie anhalten, doch ein Kerzerl des Gedenkens für mich anzuzünden und ins Fenster zu stellen. Denn, Frau Rat, wie schaut das denn aus, wenn nicht das gesamte Volk, also wirklich das totale Volk, um mich, ihren Retter und Märtyrer, trauert? Wer kein Kerzerl angezündet hat, weil er angeblich keines gefunden hat in seiner Kredenz, den haben wir halt mitnehmen müssen auf die Wache. Und ihn ein wenig sensibilisieren für die Trauerarbeit. In den allermeisten Fällen mussten wir das Kammerl mit dem Prügelbock gar nicht aufsperren.

Jetzt, habe ich unlängst gelesen, kritisieren die nachgeborenen Geschichtsklitterer an ihren Universitäten, Frau Rat, wir hätten da Druck ausgeübt. Das wär' jetzt fast ein wenig ein totalitärer Zug unseres Notstandsprojekts gewesen. Dabei, ich kann es nicht oft genug betonen, waren wir immer lupenrein autoritär. Autoritär bedeutet, dass wir das Volk im Großen und Ganzen in Ruhe lassen, wenn es uns auch in Ruhe lässt und unseren totalen Machtanspruch. Totalitär bedeutet, jeder hat mitzumachen. Aus innigster freudvoller Seele, was auch immer wir, die Animateure des trägen Volkes vorturnen. So weit, Frau Rat, wollten wir nie gehen. Aber ein paar Tränen für mich, ein paar Zähren für ihren Märtyrerkanzler, ein wenig Dankbarkeit vielleicht auch, wird ja wohl nicht zu viel verlangt sein, von diesen denkfaulen Säcken. Und ein Kerzerl wird sich wohl auch noch finden, irgendwo hinten in der Kredenz.

Das Erbe

Aber es muss eben auch einen Führer nach dem Führer geben, und sie haben auch einen gefunden. Na, den Schuschnigg – Verzeihung, Frau Rat, *von Schuschnigg* freilich, soviel Zeit in der mittlerweile fortgeschrittenen, recht blauen Stunde hier in Ihrem Verhandlungssaal muss schon sein – hätte ich selbst nicht gerade an die Spitze unseres entschuldbaren Notstandsprojekts gefürstet. Aber was soll man machen, im Hietzinger Fastehrengrab unter der frisch aufgeworfenen Erde, wenn die Erben um Fassung und ihr eigenes Fortkommen ringen? Nur nicht bewegen, Frau Rat! Dulden und leiden.

Freilich, könnte man jetzt etwas selbstkritisch meinen, ich hätt' meine Nachfolge ja auch selbst regeln können; und einen Kronprinzen für unser entschuldbares Notstandsprojekt zeitgerecht küren. Mit Verlaub, Frau Rat, dazu war eben keine Zeit. Das abrupte Ende meiner so erfolgreichen Karriere, meines ebenso pflichtbewussten wie segensreichen Schaffens für unser Land, kam dann doch sehr überraschend. Für Freund und Feind. Selbst der Planetta, mein Attentäter, ohne den ich nicht in den Rang eines Märtyrers erhoben worden wäre, ja, ja, Frau Rat, die Dialektik der Geschichte! hab' ich den Eindruck, hat sich später auch recht gewundert, warum er überhaupt abgedrückt hat.

Aber nach und nach hat sich herausgestellt, der Schuschnigg macht das gar nicht so schlecht. Ein handwerklich bemerkenswert gediegener Verweser unseres Notstandsprojekts, unser revolutionsbedingt zurückgestutzter, weil seines *Von* beraubter Blaublütiger, hat sich herausgestellt. *Noblesse oblige.* Österreichische Wohlgeborenheit gegen proletarische Parvenüs dort drüben im Altreich! Ein adeliges *Von* ist eine Monstranz, die kann man nicht nur auf der Visitenkarte vor sich hertragen. Da braucht man gar keine Privilegien mehr. Vom Adel, geb' ich zu, wäre ich auch gerne gewesen. Na, vielleicht hätte mich der Habsburgspross Otto doch noch in die Nobilität erhoben, hätt' ich ihm seine Monarchie wieder restauriert.

Am Modell *Otto* habe ich ja schon seit längerem gebastelt. Im engsten Kreis. Republik realiter, Monarchie nominell! Ein kleiner Landsitz in der Schweiz für unseren Otto, den hätten wir ihm schon eingerichtet, dazu eine Apanage, für die er sich bei seinen europäischen Kollegen nicht zu schämen hätte brauchen. Das hätten wir von Volkes verfressenem Munde auch noch abgespart, Frau Rat. Zurück zum Ursprung, mit unserem habsburgischen Grüßaugust. Besuche in unserem entschuldbaren Notstandsprojekt, zur Huldigung? Ausschließlich zu den Hochämtern. Und ich, Frau Rat, Reichsverweser auf Lebenszeit. Das *Gott erhalte* hätte wieder erklingen können, meinetwegen. Der Kernstock hätt's mir sicher verziehen. Und Haydn bleibt Haydn, das ist gewiss.

Die Sozis hat der Schuschnigg, auch das ist lobend zu erwähnen, weiterhin gut im Griff gehabt, die waren ja schon von ihren Mitteln her inferior. Wenn die sich gerührt haben, hat's eine auf die Nuss gegeben. Oder auf die lästerliche Gosch'n. Und für die Nazis war er überhaupt goldrichtig, der Schuschnigg, besser noch als ich, da fällt mir gar kein Stein aus der Verweserkrone. Innen wie außen: picobello. Immer diplomatisch mit den Herrenmenschen, vor allem drüben. Herrenmenschen, Frau Rat, waren wir ja auch, irgendwie. Nur haben wir es ihnen, den anderen Herrenmenschen, aus welch' Herrenländer sie auch immer kamen, dezent und zurückhaltend wie wir Österreicher eben immer waren, nie merken lassen. Charmant, charmant.

Und der Schuschnigg, das muss man ihm wirklich lassen, hat das deutsche Wesen in seiner missgeborenen österreichischen Veranlagung bis in seine dunkelsten, nahezu unergründlichen Tiefen ausgelotet. Als Tiroler hat er seinen Andreas Hofer schon allein volksgemeinschaftlich im Blut gehabt, schwammen ihm nicht nur gesunde Abwehrkörper gegen alles Welsche in seinen gesunden Körpersäften, seien es nun Abwehrkörper gegen demokratiedeka-dente Franzosen oder charakterschwache Italiener, soweit letztere nicht Benito hießen; sondern auch alles, was Tiroler und damit österreichische Werte, materielle wie immaterielle, rot färben könnte, womöglich auch sein blaues Blut.

Im alldeutschen Abwehrkampf, sowohl gegen die jungdeutsche Konkurrenz als auch die gleichmachende Moderne der sozialistischen Ungeraden, hat er die ostmärkischen Sturmscharen gegründet. Damit unsere pluralistische Heimwehrbewegung zur Abschaffung des Pluralismus noch ein wenig pluralistischer wird. Und die Ostmark schon allein sprachlich eine wahre, zukunftsorientierte Alternative zur Morbidität der so unglücklich etablierten, demokratischen Republik bieten kann. Und damit endlich auch der kleinste Mann in seiner ideologischen Orientierungslosigkeit versteht: Wir sind der Deutschen Grenzmark. Dort, im Osten, wo das Böse angeflutet ist, seit Jahrhunderten: Bollwerk des Deutschen Reiches. Wir, die Ostmark.

Schon 1936 setzte mein umsichtiger Nachfolger den ersten Höhepunkt seiner diplomatischen Kunst. Ein Paukenschlag. Hat alle nationalsozialistischen Delinquenten amnestiert, der Schuschnigg, und auch zwei ausgewiesene Vertreter dieser Bewegung unser aller Zukunft in sein Kabinett aufgenommen. Vertrauensbildende Maßnahme. Ein Machtverlust, sicher, aber immerhin, alles blieb in der Familie.

Die Sozialisten und Kommunisten mussten wir freilich auch amnestieren. Weil, Frau Rat, ich hab' es schon betont: Wir waren immer auf Äquidistanz. Wär' auch anders international nicht so gut gekommen, wenn wir hier die Égalité nicht peinlichst genau gelebt, und gar Ungleiches ungleich behandelt hätten. Mit international mein ich freilich nicht den Mussolini und den Horthy, sondern die demokratischen Krittler im Westen, die ohnehin jedes Haar in unserer Notstandssuppe gesucht haben. Und was war, Frau Rat? Gemotzt haben sie, die Sozis. Es sei ja erfreulich, jetzt die Luft der Diktatur immerhin draußen und ohne Gitterrost schnuppern zu dürfen, aber die Freilassung der Nazis sei eine politische Katastrophe. Ich sage Ihnen, Frau Rat, Dankbarkeit ist keine Kategorie.

Heute nicht und damals schon gar nicht. Und dazu noch die unerträgliche Hypokrisie dieser Pharisäer. In unseren gemütlichen Zuchthäusern und Lagern haben sie mit diesen Nazibuben Tarock und Schach gespielt. Und dann werfen sie uns vor, dass wir sie beide, ihre Spez'ln und sie, in alter Eintracht diesen herrlichen Sommer 1936 im Gänsehäufl* genießen lassen?

Wir aber haben uns nicht lange aufgehalten mit diesen kleingeistigen Befindlichkeiten und Nabelschauen und das getan, was Pflicht und Land erfordert haben. Nicht politisches Kleingeld, also den österreichischen Groschen, geschlagen, sondern mit kalkuliertem Risiko, auf die Reichsmark gesetzt.

Ein schöner Juli war das, Frau Rat, dieser Monat des Abkommens mit dem Altreich! Die Vogerln haben gezwitschert draußen in Hietzing auf meinem nicht allzu repräsentativen Grabstein, den sie mir zukommen haben lassen. Drei Jahre erst war es her, dass ich ertrunken bin im heldenhaften Anschwimmen gegen die braune Flut. Nun aber war, mit dem Juliabkommen*, der Stein der Weisen – nicht ohne Gewicht, zugegeben, aber das Befestigungseisen immerhin passend zu unserer schlanken Halsweite - endlich gefunden. Brauner Schlamm dämmt gegen die braune Flut eben am allerbesten! Oder, wie dies mein bis in den Tod ebenso treuer wie sprachgewaltiger Kraus auf den Punkt gebracht hätte: Der Teufel ward' mit dem Beelzebub ausgetrieben.

Die Neger

Der Schuschnigg, der Herr *von* Schuschnigg, Frau Rat, war die Personifizierung unserer Außenpolitik schlechthin. Denn die Außenpolitik ist in Österreich immer ein schwieriges Thema. Daher: Chefsache. Damals, Frau Rat, ganz besonders schwierig. Eine Gratwanderung unter ständiger Absturzgefahr am österreichischen Grat, zwischen Herrenmenschen und devoten Schnürstiefelträgern. Für andere nationale Mentalitäten wohl unbewältigbar, die wären unweigerlich links oder rechts der Schneide abgestürzt. Im Nichts verschwunden. Nicht aber für wendige, anpassungsfähige österreichische Notstandsprojektleiter. Eine Challenge, wie man heute sagt, gewiss, aber keine unlösbare.

Nehmen wir nur die Abessinien-Krise. War ja gar keine Krise, eher ein Kriserl, da haben sich nur wieder die Moralisten im Westen ein wenig aufgespielt. Na, die haben's notwendig, die scheinheiligen Rassenquetscher in ihren eigenen Kolonien. Also, für den Fall, Frau Rat, dass Ihnen die Geschichte nicht so präsent ist, Afrika ist ja fern, zu Ihrer Orientierung: Der Mussolini hat sich 1935 bereit erklärt, in Äthiopien ein wenig Ordnung zu schaffen. So war er halt. Wenn er um Hilfe gebeten wurde, hat er sie niemals verwehrt. Deshalb bin ja ich auch schon zwei Jahre früher nach Riccione* gereist. Ein wahrer Altruist, der Mussolini.

Kaiserreich Abessinien hat Äthiopien damals geheißen. Ich bitte Sie, Frau Rat, wenn schon die Neger einen Kaiser haben, ist wahrlich Ordnung von Nöten. Wir selbst, Frau Rat, in unserem entschuldbaren, aber durchaus aufstrebenden Notstandsprojekt, das allerdings leider noch etwas zu brustschwach war, um eigene Kolonien zu erobern, haben ja immer einen sehr nüchternen, sehr vernünftigen Zugang gehabt zu allem, was da kreucht und fleucht hier auf Erden. Zu den Tieren sowieso, aber auch zu den Mohrln*.

Die sind ja auch schwarz, gerade so wie wir. Politisch, mein ich jetzt, ein kleiner Scherz, Frau Rat, lassen wir die halt auch leben, die Mohrln, haben wir uns immer, in unserer großzügigen Nonchalance, gedacht. Wir brauchen ja nur ein wenig zurückschauen, in unsere glorreiche Geschichte, als unser Österreich noch groß und mächtig und weiß war. Nonchalance ist bei uns Tradition.

Da hatten sie einmal in Westafrika so einen Mohren eingefangen an der Sklavenküste. Einen Häuptlingssohn angeblich, wie der immer wieder selbst von sich stolz behauptet hat. Schwarzblaues Schlammblut, sozusagen. Das muss den Fürsten Lobkowitz*, einen Liebhaber alles Exotischen, dem es offenbar in seinem abgeschmackten Palais auf der Prager Kleinseite und in Wien zu wenig exotisch und damit recht langweilig war, ziemlich beeindruckt haben. Den Soliman, den rabenschwarzen Häuptlingssohn, hat er sich gewünscht, der Lobkowitz, und keinen anderen. Und was man sich ganz fest wünscht im Leben, Frau Rat, das bekommt man auch. 1734 hat er, der Fürst, sich den Fürstensohn, den Soliman, schenken lassen. Der war aber nicht nur schwarz wie die Nacht, sondern auch lieb und interessant, ein Faktotum für alle Gelegenheiten. Kammerdiener, Reiseführer, Prinzenerzieher. Den haben sogar die Frauen geliebt, die am allermeisten. Was die grad an so einem finden, an so einem Mohrl, also ich werd's nie verstehen! Die Frauen, die Frauen, Frau Rat. Oft denk ich mir, das hat irgendwas mit ihrer Fruchtbarkeit zu tun.

Wie er dann, viel umschwärmt, verschieden ist, der potente Solimann, war allen leid um ihn, dann haben sie ihn halt ausgestopft. Lange hat man ihn anschauen dürfen im kaiserlichen Naturalienkabinett. Sogar das gemeine Volk hat man gaffen lassen, das kommt ja recht selten nach Afrika. Wie sich dann allerdings die Aufklärung durchgesetzt hat, diese spirituelle Irrlehre, war's zu Ende mit der Aufklärung des Volkes. Da haben sie das Schaustück einfach entfernt. Ob er dann beerdigt wurde, entzieht sich meiner Kenntnis, irgendwie hat's dann geheißen, er sei bei einem kleinen Feuerchen im Archiv abgebrannt.

Weil einen Menschen, auch wenn's ein fremdrassiger ist, hat es dann geheißen in der Aufklärung, stopft man nicht aus und stellt ihn in eine Vitrine. Das gehört sich nicht. Das sei pietätlos. Die Aufklärung halt, ich sag's ja immer. Für unser mittelalterliches Notstandsprojekt wär' so etwas kein Problem gewesen, wir waren immer weltoffen und tolerant. Da hätte auch so ein Mohr seinen volksaufklärenden Platz behalten können.

Aber, wieder einmal schweife ich ab, Frau Rat. Wir sind in Abessinien, bei den negroiden Schutzbefohlenen des zwanzigsten Jahrhunderts. Die hypokritischen Gutmenschen im Westen rufen also den Völkerbund an. Scharfe Sanktionen gegen unseren werten Duce, unseren Benito, unseren ebenso treuen wie sonnengebräunten Freund, den aufrichtigsten Schutzpatron unseres Notstandsprojekts, werden da gefordert. Eine völkerrechtswidrige Aggression wäre sein friedensstiftender Einsatz bei den Negern in Abessinien, so die krude Behauptung. Sechzig Mitglieder zählte der Völkerbund damals, nur drei von ihnen hatten den Mut und

den Anstand, sich gegen diese populistische Strafaktion auszu-
sprechen. Italien sowieso. Und der Horthy, wer sonst, wenn nicht
er? Und? Sie haben es erraten, Frau Rat: Unser entschuldbares
Abwehrprojekt war auch unter jenen, die diese brutale Aggression
gegen unsere charakterfesten Schutzmachtfreunde entschiedenst
in die Schranken gewiesen haben.

Da waren sie dann allerdings schon ein wenig eingeschnappt,
die Demokratien im sündigen Westen. Schau, schau, haben sie
gesagt, jetzt zeigt ihr euer wahres Gesicht! Immer die Hochkultur
heraushängen lassen, in euren Opern und Theatern, pipifein im
Frack, die Mädels gut parfümiert am Arm. Jetzt aber habt ihr euch
endgültig als Schmuddelkinder geoutet, ihr mit eurem österreichischen Notstandsprojekt. Jetzt spielen wir nicht mehr mit euch,
weil wir sind Kinder aus gutem Hause.

Na, was ist uns übriggeblieben, Frau Rat? Jetzt waren ja nur noch
andere Schmuddelkinder da, die zu uns gehalten haben und mit
denen wir spielen konnten. Der Horthy eben und der Mussolini.
Bald darauf ist uns allerdings auch der Mussolini untreu geworden.
Einfach abgesprungen. Der hat uns dann gesagt, der Benito, oder
besser sagen lassen, weil für ein anständiges Vieraugengespräch
hat ihm ja ohnehin immer der Mumm gefehlt, er spielt jetzt lieber
mit dem Hitler. Der ist noch viel schmuddeliger als wir.

Der Ausgleich

Personell haben wir dem Deutschen Reich im Juliabkommen* ohne
dem fahnenflüchtigen Mussolini nur unwesentlich entgegenkommen
müssen. Wir haben halt zwei Exemplare aus unserem großdeutschen
Familienzweig, aus unserem notstandsaffinen *Melting Pot*, genommen,
also aus unserer deutsch-deutsch-österreichischen Fraktion, zwei
gemäßigte halt, eher zurückhaltende, die ihre Entwicklung zu
vollwertigen nationalsozialistischen Volksgenossen noch nicht
vollständig abgeschlossen hatten. Zwei Ministerposten, das war exakt
das, was wir den Nazis bereits in unseren Geheimverhandlungen

im April 1933 im Rahmen unseres antiparlamentarischen Staatswiderstands zur gemeinsamen Bekämpfung der Ungeraden angeboten hatten. Also, was soll ich sagen: Gut is gegangen, nix is g'schehen.

Dem Glaise*, einem Mann der feinsinnigen Kultur und der Wissenschaft, dem haben wir halt die Chance seines Lebens gegeben. *An unseren Taten ...*, eh schon wissen, Frau Rat. Hat sich gut bewährt, der Glaise, muss ich sagen, schon an der Wiener Universität, immer ein verlässlicher Kamerad im Seil. Standhaft und treu im Kampfe gegen den mosaischen Bildungsliberalismus. Jetzt also wird er Minister. Aber kein Portefeuille, das haben wir ihm wegverhandelt in unseren amikalen Gesprächen mit dem großen Bruder. Nicht amtsführend, quasi. Viel Zeit zum Spazierengehen, und doch eine existenzsichernde Gage. Damit lässt sich's doch leben, Frau Rat. Dem Glaise war's zufrieden. In der Regierung war er immer dabeigesessen, hat immer gehört, was wir ihm zu Hören übriggelassen haben nach der fraktionellen Vorbesprechung. Nichts zu verantworten. Verantwortungslos.

Wie dann später unser entschuldbares Notstandsprojekt schön langsam auslaufen sollte, in unserer politischen Abenddämmerung, im anbrechenden Frühjahr des Jahres 1938, ist der Glaise dann doch noch zum Vizekanzler avanciert. In der Folge eine Karriere in den nationalsozialistischen Eliten, eher bescheiden, aber doch, dann Suizid in der Beugehaft der revanchelüsternen Sieger in Nürnberg-Langwasser 1946. Einer, der sich aber, der Glaise, das ist vor der Geschichte zu verkünden, wie wir seine ehemaligen Regierungskameraden auch, selbst in den größten Wirren der Zeit immer Empathie und nachsichtige Güte bewahrt hat. Die Judenfrage musste gelöst werden, gewiss, das wusste auch der Glaise, aber Erlösung immer ohne unnötiges Leiden. Dafür ist er immer eingetreten. Nicht gar zu offen, da tut man der guten Sache keinen guten Dienst. Eher im Stillen hat er seine persönliche Humanität gelebt. Und immer, wo man ihn auch hingestellt hat, bedingungslos seine Pflicht erfüllt.

Hat sich dann aber heimgedreht, der Glaise, im Verließ der erbarmungslosen Siegerjustiz, weil er wohl befürchtet hat, seinen

Verrat an unserem entschuldbaren Notstandsprojekt damals, jetzt daheim im neuen Österreich büßen zu müssen. Was die Leute immer für irrationale Ängste haben, Frau Rat, wenn sie emotional oder beruflich nicht ausgelastet sind! Ich sag' immer, abwarten, wird so schlimm nicht kommen. Wär' ihm schon nichts passiert, bei allen Differenzen in politischen Glaubensfragen, Familie bleibt Familie. Was soll sich da schon groß ändern, Frau Rat, nur weil wir nun einmal 1945 schreiben?

Ein gutes Beispiel für unsere notstandsbedingten Notwehrstrategien war auch der Guido Schmidt*. Der zweite Regierungsaspirant. Den wir auch nehmen haben müssen in die Regierung, weil es der Hitler angeschafft hat. Dem haben wir im Gegensatz zum Glaise ein bisserl was ressortmäßig zugeordnet. Na ja, ist er halt Staatssekretär für Äußeres geworden, der Schmidt. In der Außenpolitik, Frau Rat, ich hab' das heute ja schon zu Protokoll gegeben, kann man nicht wirklich etwas falsch machen. Und der Schmidt stand eindeutig für Kontinuität.

Kurz nach der Staffelübergabe im Jahr 1938 gab's einen kleinen Karriereknick für unseren Schmidt, aber da haben sich ja viele von uns neu orientieren müssen. Schließlich ist er aber doch von seinem persönlichen Freund Göhring zum Direktor der Stahlwerke Linz avanciert worden. Ein Mann des Aufbaus, unser Schmidt, immer schon, Frau Rat, auch später dann, als alles in Trümmern liegen sollte. Wie dann unmittelbar nach seiner großartigen Aufbauleistung auf der Payroll des Göhring unser so leidgeprüftes Österreich wieder bei Null beginnen musste, wurde er Generaldirektor der Gummiwerke Semperit, der vielseitige und talentierte Schmidt. War freilich auch immer ein Verbinder und Versöhner, immer hat er das Gemeinsame über das Trennende gestellt. Fünfundzwanzig Jahre Mitglied unseres katholischen Studentenkartells, das nenn' ich Treue. Da kann sich dann selbst ein voreingenommenes Marionettenvolksgericht abmühen, wie es will, da kann es nur eines geben, Frau Rat: Freispruch.

Und ganz im Sinne unseres deutschdeutschen Juli-Abkommens haben wir weitergemacht, immer nur weitergemacht. Jeden

Tag pünktlich aufgestanden in der Früh, gefrühstückt und die Zeitung gelesen und ein wenig drüber geschaut, ob sie auch alles schreiben, was wir ihnen zum Schreiben so geben, und dann unsere Pflicht erfüllt.

Wenn mir langweilig war, in der heiligen Erde in Hietzing, habe ich diese auch sprachlich so schön geformten Worte unseres ausgewogenen Vertrags mit dem Hitler oft und oft memoriert. Schließlich kommt ja Vertrag von vertragen: *In der Überzeugung, der europäischen Gesamtentwicklung zur Aufrechterhaltung des Friedens eine wertvolle Förderung zuteilwerden zu lassen, wie in dem Glauben, damit am besten den vielgestaltigen und wechselseitigen Interessen der beiden deutschen Staaten zu dienen, haben wir beschlossen, unsere Beziehungen wieder normal und freundschaftlich zu gestalten.*

Was soll ich Ihnen mehr sagen, Frau Rat, diese Zeilen unserer gemeinsamen Kultursprache, ebenso knapp und präzise wie emphatisch, greifen selbst einem hartgesottenen Politprofi wie mir noch heute ans Herz. Und Zeit war gewonnen, viel wertvolle Zeit! Noch zwanzig lange Monate durften wir in Harmonie ohne unnötige Konflikte unser entschuldbares Notstandsprojekt ent- und abwickeln. Zum Wohle der europäischen Völker, zum Wohle Österreichs. Und des Friedens, vor allem.

Die Diplomatie

Und überhaupt, Frau Rat, der Schuschnigg*. Ich hab' ja in den ersten Tagen, unmittelbar nach Martyrium, Auffahren in den Himmel und Ablage in Hietzing zur Verwesung, wie schon zu Protokoll gegeben, so meine Zweifel gehabt an der Kompetenz meines farblosen Ministers. Aber in Anbetracht der atemberaubenden Beschleunigung unseres heldenhaften Staatswiderstands hat der Schuschnigg sich nicht nur zufriedenstellend entwickelt, sondern geradezu zum wahren Staatsmann gemausert. Und ein Diplomat, ein Diplomat mit allen Wassern gewaschen, ist ohnehin an ihm verloren gegangen. Ein Schritt nach vorne, zwei zurück. Bis dann halt Berchtesgaden* gekommen ist. Viele haben ja schon gemeint, jetzt ist es so weit. Jetzt hat das letzte Stünderl geschlagen für unser Notstandsprojekt, für das entschuldigte Führerpersonal. Fin de la finesse diplomatique. Finis Austriae.

Der Hitler, ganz Europa hat ihn ja schon gekannt, den Choleriker, wir waren da keine Ausnahme, war wütend. Sehr wütend sogar. Entgegen seiner Hoffnung, ja seiner entschiedenen Erwartung, ausdrucksstark in die Präambel unseres Juliabkommens gewuchtet, hätten sich Beziehungen unserer beiden deutschen Notstandsprojekte nicht ausreichend amikal entwickelt. So sein vernichtendes Urteil, und von einem gedeihlichen Beitrag zur europäischen Gesamtentwicklung für die Aufrechterhaltung des Weltfriedens, den er sich von unserem Abkommen so aufrichtig erhofft habe, könne man überhaupt nicht mehr sprechen.

Nicht einmal rauchen hat er dürfen, der Schuschnigg, am Obersalzberg. So wütend war er, der Hitler. Und wissen S', Frau Rat, der Schuschnigg immer schon ein Suchtpinkerl* gewesen. Und wenn einem der Nikotinentzug krampfartig im Nacken sitzt, wenn man schwitzt auf Teufel komm raus, dann akzeptiert man halt das Pinkerl*, das einem der Gröfaz umhängt. War schwer, das Kompendium der noch abzuarbeitenden Aufträge, aber bei gutem Willen, bei ehrlichem Bemühen, ist jede Aufgabe zu bewältigen. Noch ist nicht alles verloren, hat sich der Schuschnigg wohl, immer so positiv, gedacht. Und ist dann eh schnell gegangen. Froh war er, dass er wieder draußen war. Endlich hat er sich eine anzünden dürfen.

Der Arthur

Und war irgendwie auch ein wenig erleichtert, der Schuschnigg. Immerhin, man hat ihn nicht gleich festgenommen und in die Schutzhaft verfrachtet. Ganz Diplomat, unser Führerkanzler. Nur einen hat er noch nehmen müssen in seine Regierung neben dem Glaise und dem Schmidt, die sich ohnehin integrativ durchaus erfreulich entwickelt hatten. Als vertrauensbildende Maßnahme.

Dann waren es jetzt halt drei. Aller guten Dinge. Also der Seyß-Inquart. Anders als die zwei anderen, noch ein wenig grünen, an der reichsdeutschen Lounge noch abzurichtenden Hitlerjungen in unserer Regierung, war der Neuzugang schon explizit als ausreichend rechtgläubig-nationalsozialistisch ausgewiesen. Das Innenressort haben wir ihm zuweisen müssen, dem Seyß, das hat sich der Hitler für ihn vorbehalten.

Da kann man dann halt nix machen. Da kann man eh nicht viel anstellen in so einem Innenministerium, haben wir uns getröstet. Ist doch heute nicht anders, nicht wahr, Frau Rat? Das bisserl Polizei und die paar Landgendarmen, heute zusammengelegt, die haben wir damals halt in seine Hände gelegt. In die Hände vom Arthur. Da hat sich einmal mehr gezeigt, wie weise vorausschauend es war, unsere Heimwehren aufzulösen. Sonst hätten s' womöglich noch gestritten, eine Fehde angezettelt, unsere Heimwehrritter, um ihr Innenministerium.

Und ja, der Arthur, mein Stachel im Fleisch. Nicht Fisch, nicht Fleisch. Aber immer auch so etwas wie ein Wegbegleiter, ein friendly Alien. Wir haben gestritten, viel gestritten, und diskutiert über die reine Lehre des Rechtsterrorismus. Unterschiedliche Zugänge, das gewiss, aber Familie, und nur das zählt, bleibt Familie. Ein alter Studentenbruder, der Seyß, im Geiste wie im Herzen.

1919, 1920, in dieser so schwierigen Orientierungsphase für jeden gerechten Geraden, waren wir beide Mitglied der katholisch-deutschnationalen *Deutschen Gemeinschaft*. Wie oft haben wir uns gefunden, am trauten Ofen in unserer gemütlichen Bude, in unserem ehrlichen Streben zum Guten, in unserem aufrichtigen Bemühen um den Glauben an den wahren Gott ebenso wie an das wahre Deutschtum. Fast ein Geheimbund, Frau Rat, waren wir alle, so unendlich aufregend, und ich und der Arthur, wir beide mittendrin. Wir haben das Konspirative ja so geliebt! *Die Burg*, haben wir unsere verschworene Kameradschaft genannt. Ein Bollwerk gegen das Ungeradentum. Gegen das Geschmeiß* schlechthin.

Gegen die Linksliberalen und gegen die Fremdblütigen. Sie haben das alles schon im Protokoll, Frau Rat, ich will da keine Redundanzen, das belastet Sie und Ihre, mittlerweile, so habe ich den Eindruck, schon schlafenden Geschworenen nur unnötig bei der späteren Aufarbeitung der Akte und der Formulierung meines Freispruchs.

Eine Litanei, gebe ich zu, Frau Rat, eine Zumutung für ihre, in Folge meines ausführlichen Plädoyers doch vielleicht schon etwas geschwächten Ohren, aber für das Erkennen der Gesamtzusammenhänge notwendig und unabdingbar. Also nochmals: Liberale, Sozialisten, Bolschewisten, Juden und …? Irgendwer fehlt da noch, Frau Rat, bei den Ungeraden. Ach ja, die Freimaurer. Die Freimaurer hätte ich fast vergessen. Und die Zigeuner, mein Gott, warum fallen mir die, Frau Rat, immer als die Letzten ein? Bitte, für's Protokoll: Roma und Sinti. Vielleicht kennen Sie ja diese pustagebräunte, ungebildete Brut der Feuchtgebiete, diese Halbwilden, halbwegs brauchbar nur mit einer Fidel in der Hand: *Komm Zigan*, spiel mir was vor…*, nur noch unter diesen, gehirnkorrigierenden Namen. Für uns war ein Zigeuner halt noch das, was er ist: ein Zigeuner.

Vor allem die Liebe zur rassischen Hygiene hat uns alle innig verbunden, nicht zuletzt auch den Seyß und mich. Ein einigendes Ziel, eine einigende Klammer hat uns zusammengeschweißt: Keine akademischen und staatlichen Schlüsselpositionen in Österreich für die Ungeraden, vor allem für die Mosaischen, das war uns klar. Das hat aber nicht geheißen, dass wir den einen oder anderen von den Ungeraden, warum auch nicht mal einen Juden, eingebunden hätten, in unsere notstandsbedingten Projekte. Wenn sie nützlich waren? Ich mein, die Mosaischen, Frau Rat. Dann haben wir uns auch einmal einen Schutzjuden gehalten.

Ein Schutzjude, soweit halbwegs herzeigbar, kann einer konsequent antisemitischen Generallinie nicht schaden. Keine Regel ohne Ausnahme. Das war bei unseren deutschen Brüdern im Reich so, das war auch bei uns so. Das musste auch bei uns so sein. Unser Schutzjude hat Winterstein* geheißen. Ein vornehmer Mensch, unser

Winterstein. Justizminister im Kabinett Schuschnigg, vom Juliputsch bis zu unserem Ausgleich mit den Nazis 1936. Dann freilich war er nicht mehr tragbar, der Winterstein, unser mosaisches Protegerl. Das hätt' den Hitler in seiner ohnehin schon recht überspannten Kompromissfähigkeit doch erheblich überfordert. Die Opposition, vor allem ihre unbeeindruckt demokratiebewegten Reste, hat er, der Winterstein, in seiner kurzen Amtszeit, tadellos im Griff gehabt. Da hat er sich nichts nachsagen lassen. Immer hochprofessionell. Und ich kann Ihnen sagen, Frau Rat, man gewinnt Abstand. Selbst von der eigenen Ideologie. Wenn man so einen gescheiten, hochkulti- vierten und nicht zuletzt notstandsprojektsaffinen Juden ständig im Ministerrat trifft, Grüßgott und Servus, dann kann man selbst das menschheitszersetzende Weltjudentum für einen Augenblick ausblenden. Verdrängen.

Nach dem Anschluss, 1938, ist der Winterstein dann einfach verschwunden. Nach Buchenwald, glaub ich. Schade eigentlich, um den Winterstein. Freilich, eine Endlösung für ihn und die Seinen, bei allen Meriten, hätten auch wir finden müssen. Aber, Frau Rat, gleich ins Gas?

Das Gas

Das Gas, Frau Rat, das Gas. Das hätten wir uns doch ersparen können. Schuld an dieser maßlosen, ja scheußlichen Übertreibung der hitlerschen Endlösungspolitik war und ist die *political correc- tness* einer ungeraden Intoleranz, die damals in Ansätzen schon recht unangenehm spürbar war. Die hat die gesunde Männlichkeit gekränkt und ihr das so notwendige Überdruckventil verstopft.

Nehmen Sie doch nur die alten Lieder, Frau Rat, die wir, ob christlich oder national, auf unseren Burschenschaftsbuden so herzerfrischend fröhlich, so unbeschwert gesungen haben. Auf unseren Kommersen*, die Deutschnationalen zuweilen auch bei der mannhaften Begießung erfolgreich gesetzter und durch das Einlegen heilungsverzögernder Rosshaare doch recht öffentlichkeitswirksamer Gesichtsnarben, nach mutfördernden, persönlichkeitsbildenden Mensuren*.

Die christlichen Burschenschafter, die Meinigsten der Meinigen, habe ich mit Grausen vernommen, Frau Rat, haben sich dem liberal-demokratischen Gesinnungsterror mittlerweile beugen müssen, in den uns die Alliierten, ausschließlich wegen der hitlerschen Exzesse, wieder zurückgebombt haben; und altes, unersetzliches Gesangesgut aus ihren Liederbüchern* einfach ausradiert.

Nur unsere nationalen Brüder, so höre ich, halten mit Stolz und Charakterfestigkeit an unseren unveräußerlichen Werten, an unserer Tradition, an unserem Liedgut fest. Immerhin. Möge es diesen Standhaften gelingen, möge ihre Bardenkultur niemals verloren gehen.

Niemals!, hat einer der letzten, ein wahrer Verteidiger unserer Werte, so höre ich, todesmutig einer heuchlerisch-verlogenen Boulevardpresse unlängst entgegengeschleudert. Einer unserer letzten, aufrechten Bundesbrüder, dessen Bundesbruderliederbuchexemplar bei ihm zu Hause zwar ein wenig verstaubt, aber doch in Ehren gehalten wird. Solange man ihm halt nicht nachweisen kann, dass er das, was drinnen steht, auch sinnerfassend lesen kann. Einer, der auch das, leider wieder eröffnete, Bundesparlament mit seiner Anwesenheit ziert, wenn es nun schon einmal da ist.

Niemals, werde er sich ihrer, unserer Werte und Liederbücher, schämen oder sich gar rechtfertigen. Der wackere Mann! Mannestreue. Da geht mir, Frau Rat, immer das Herz auf.

Eines dieser altehrwürdigen Traditionslieder hat mir ja besonders gut gefallen. Wie ist das nur schnell gegangen? Ach ja: *Rothschild hat das meiste Geld. Schließlich muss in jedem Fache einer doch der größte sein, und so ist auch ohne Zweifel festgestellt: Das größte Schwein.*

Ich geb zu, Frau Rat, versmaßtechnisch ein wenig unausgegoren und holprig, aber die Wirkung, die Wirkung! Und dann das eine, das fällt mir heute auch noch ein, das war so lustig, Frau Rat. Das mit den *Schicksenstuten*, die man nicht besteigen soll, weil da wär' doch anzuraten, auf den Veterinär zu hören. Sie wissen ja, Frau Rat, auch wenn ein Witz den man erklären muss, gar kein wirklicher Witz ist: Hygienische Bedenken…

Und wenn alle dann, ausgelassen und befreit, gelacht und gekudert haben, mit ihren gesundroten Trinkerburschenbäckchen, da hab' ich still bei mir gedacht, Frau Rat: Engelbert, Engelbert, zeitweilig hab ich mich ja selbst auch einmal auf die Schaufel genommen, Engelbert, dieses Problem hast du nicht wirklich. Mit deinen Einmeterfünfzig kommst du ohnehin nur schwer auf eine Stute. Ja, die Physiognomie, ein wenig beschwerlich, ein wenig diskriminierend, war die schon.

Wenn man heute, Frau Rat, der nach Luft schnappenden, volks-gesunden Volksseele, vor allem der unterdrückten, aber noch immer den Weltgeist befruchtenden virilen Teilspiritualität, durch ständige politische Schönsprechzwänge die Luft abwürgt, darf man sich über die Konsequenzen nicht wundern. Dann: Hyperventilation. Dann: Exzess: Dann darf man gar nicht so erstaunt sein, wenn so ein besonders viril ausgewiesenes Exemplar, gedemütigt durch geschlechtliche, ethnische, sexuelle und, was auch noch für eine Egalität, ein, in seiner Jahrtausende langen Lebensrechtfertigung beeinträchtigter, Schläfer, angesichts seines virilen Notstandes, angesichts durchaus wieder mosaischer, aktuell vor allem aber sonstiger rassischer Schlammblutbedrohungen, wieder einmal einen effizienten Heilbehelf andenkt: Zyklon B*.

1930 war dann allerdings Schluss mit unserer gemeinsamen *Deutschen Gemeinschaft*. Ab jetzt sind wir getrennt marschiert, zum gemeinsamen Zuschlagen sind wir dann bedauerlicherweise nicht mehr gekommen. Ich habe den guten Seyß dann auch etwas aus den Augen verloren. Bis zum bitteren Ende, dann hätt' ich ihn wieder dringend gebraucht. Ich war ja immer für Versöhnung, Frau Rat. Immer hab' ich die Hand ausgestreckt, wenn's nicht grad ein Sozi war. Oder ein Demokrat. Oder, alle vierzehn Nothelfer mögen behüten, Frau Rat, beides.

1934 habe ich noch einmal Kontakt aufgenommen zu meinem verlorenen Bundesbruder Arthur. Ein wenig sondiert, würde man heute wohl sagen. Ich hab' ihn zweimal getroffen. Am schönen Mattsee etwa, ein bisserl viel Sonne, ich vertrag das nicht so, schon in Riccione, mit dem Mussolini, also wenn ich mit dem nicht notgedrungen etwas bräunen hätte müssen … Am Mattsee sind wir aber dann bald in den Schatten, der Arthur und ich. Angenehm.

Und auch bei uns in Wien, ein letztes Meeting, soweit ich mich erinnern kann, Frau Rat, ein ehrliches Bemühen, den Bundesschwur zwischen christlichgläubig-autoritär und gottgläubig-totalitär bei einem Glaserl Veltliner ein wenig auf- und hochleben zu lassen. Es ist beim Erfahrungsaustausch und einem zögerlichen Bruderkuss geblieben. Einige Tage später haben seine Gesinnungsgenossen mich dann abgemurkst. Schon irgendwie eine Enttäuschung. Ob er selbst da ein wenig mitorganisiert hat? Hinter den Kulissen die Fäden gezogen? Ich weiß es nicht, Frau Rat. Auch du mein Bruder Arthur?

Ich glaube ja nicht, Frau Rat. Der Seyß war ja auch ein Jurist, ein Kollege also. Beim gottlosen Attentat auf mich, Ihren heutigen Märtyrerkanzler, Frau Rat, war er persönlich nicht dabei, das rechne ich ihm hoch an.

Als Jurist war er tadellos, was ich immer so an ihm bewundert habe, war sein unbestechliches Gefühl für das Recht. Für die Gerechtigkeit. Ein Kollege eben, wie er im Buche steht. Vielleicht, ja, nicht auszuschließen, Frau Rat, hätte er mich später, wär' ich nicht vorzeitig, mit Hilfe seiner Vollstreckungsgenossen, zum Märtyrer aufgestiegen, einmal vor Gericht gestellt. Und mich gar hinrichten lassen. Oder mir ein bescheidenes Biedermeierhäuschen am Rande eines Konzentrationslagers zuweisen, wie dem Schuschnigg dann später. Aber Putsch und Mordkomplott? Ich bitte Sie Frau Rat! Spitz bleibt Spitz.

Und gar so radikal wie der Hitler war der Arthur auch nicht, Gott sei Dank. Freilich, Frau Rat, wenn man dann schon einmal drinnen ist, in den Eliten und an den vielen Banketts, immer wieder mal seine Treue zur Bewegung nachweisen muss, dann hat man sich auch ein wenig anzupassen. Da hab ich Verständnis, Frau Rat. Loyalität war ja auch in unserem entschuldbaren Konkurrenzprojekt die allerwichtigste Säule. Treue heißt Ehre, das hat uns immer verbunden. Ein wenig hat er seine ehrgebundene Treue später dann etwas übertrieben, mag ja sein. Ich selbst hab' das Exzessive, wie gesagt, ja nie so geschätzt, das Totalitäre war mir immer etwas fremd, peinlich. Ich hoffe, ich habe das in meinem, dem Lauf der Geschichte angemessenen, in einem vernünftigen Gesamtzusammenhang doch wohl auch nachvollziehbaren Plädoyer heute schon einmal erwähnt, damit Sie meine Lauterkeit auch würdigen können.

Hunderttausende Juden soll er ins Gas geschickt haben, einige Jahre nach seiner notstandsbedingten Regierungseinbindung, mein Arthur. Bitte, mit Verlaub, Frau Rat, auch wir waren ja offen für jede brauchbare Idee, und dankbar selbstverständlich auch für alle konstruktiven Endlösungsansätze für die mosaische Bagage, zu allererst für die österreichische. Dann naturgemäß auch für die europäische. Und schließlich für die universelle. Eine große Idee kennt eben keine Grenzen.

Und für das Ungeradentum an sich sowieso. Das muss man wohl nicht extra erwähnen. Grad, wenn es sich außerhalb von Österreich noch radikaler radikalisiert, als Spanienkämpfer beispielsweise. Wir haben ja eine internationale Reputation zu verlieren. Was soll sich der Franco, unser Notstandsprojektsleiter an der südlichen Flanke, von uns denken, Frau Rat? Dem sind ja sicher bereits unsere Waffenlieferungen an die marxistischen Republikaner etwas aufgestoßen, die uns unsere Diplomatie – Dialektik, Frau Rat, Dialektik, womöglich gewinnen die ja noch den Bürgerkrieg, und dann sind sie uns bös! - angeraten hat.

Einerseits waren wir zugegebenermaßen erleichtert, dass sie nicht uns hier in Österreich auf die Nerven gehen mit ihrem pubertärem Trotzverhalten, unsere Spanierkämpfer. Andererseits, wie s' dann in Spanien waren, wie sie sich dort aufgeführt haben? Fremdschämen.

Aber grad so brachial hätt' er's eben nicht angehen müssen, der Arthur, mit all den Ungeraden! Ob nun mosaisch verwachsen, oder doch nur politisch. Wirklich wundern muss man sich da nicht, dass ihm dann die alliierten Revanchesieger den Strick gedreht haben in Nürnberg. Obwohl, mit Rechtsstaatlichkeit hatte das gar nichts zu tun, das Nürnberger Blutgericht. Ich wüsste nicht, wo der Arthur konkret und nachweisbar gegen das geltende Recht, und zwar unserer beiderseitigen Notstandsprojekte, hüben wie drüben der Grenze, verstoßen hätte. Hat sich nichts zuschulden kommen lassen! Bei uns nicht und im Altreich auch nicht.

Und aufhängen hätten s' ihn schon recht nicht müssen. Denn ein bisserl Respekt, ein bisserl mehr Achtung der treuen, international Jahrhundertelang unangetastete Offiziersehre wird man ja wohl noch verlangen dürfen. Ein klärendes Gespräch zwischen Kollegen auf Augenhöhe. Auch wenn das glücklichere Gegenüber einen Sieg eingefahren hat. Das sagt einem schon der Anstand. Der Menschenverstand sowieso. Verbrechen gegen die Menschlichkeit? Was bitteschön, Frau Rat, soll das denn sein? So ein angelsächsisches *Softlaw* haben unsere probaten Universitäten jedenfalls nicht gelehrt in meiner Studentenbudenzeit. So etwas wär' nicht einmal dem Kelsen eingefallen. Da fehlt's, Frau Rat, eindeutig am strafrechtlichen Substrat.

Und eines soll man auch niemals vergessen: Der Arthur war aus gutem Hause, pädagogisch fachgerecht aufgezogen. Der Vater Gymnasialdirektor, nicht irgendein dahergelaufener Kesselschmied. Oder ein geistig minderbemittelter Almosensammler, den wir aufhängen mussten, weil er einen Heustadel angezündet hat. Damals, 1933, wie wir einen gebraucht haben, um die wiedereingeführte Todesstrafe in der Praxis etwas zu erproben.

Oder gar ein obdachloser Ansichtskartenmaler. Aber Letzterer hat sich ohnehin nicht fangen lassen und sauber, mann- und wehrhaft, mit Zyankali und präzisem Schuss in den Fang, den Untergang seines Volkes Freiheit mit einem respektablen Freitod gekrönt.

Der Abwehrkampf

Aber, so schön langsam haben selbst wir dann bemerkt, Frau Rat: Jetzt wird's eher eng für unser entschuldbares Notstandsprojekt. Wieder sind die Sozis zu uns antichambrieren* gekommen, eh recht demütig und devot, so gesehen waren sie schon ganz gut erzogen, aber, wie immer, doch eher peinlich. Vor allem ihre Gewerkschafter, die haben überhaupt nicht begriffen, was Illegalität heißt. Illegalität heißt, Frau Rat, dass man nicht immer bei der Legalität anklopfen soll. Mit irgendwelchen Bittbriefen und Petitionen schon gar nicht. Muss doch nur ständig der Rundordner* geleert werden.

Und uns stören. Ständig, wo wir doch nachdenken müssen wie wir unser schönes Österreich retten, und seine Stände, die es vielleicht irgendwann einmal haben wird, nämlich vor den Nationalsozialisten. Wo wir in unserem Kampf doch ganz allein waren! Eine erfolgreiche Rettung vor einem nationalsozialistischen Unrechtsregime geht eben nicht mit Sozis, und schon mal gar nicht mit ihren Gewerkschaftern, die sich ständig von unserer Einheitsgewerkschaft entsolidarisieren. Aus der Geschichte, Frau Rat, haben die einfach nichts gelernt.

Auch wenn wir ihnen zu verstehen gegeben haben, den Genossen, wir reden nicht mit ihnen, haben sie uns ihr Gefasel von einer wehrhaften Demokratie immer wieder aufgedrängt. Einen Schulterschluss wollten sie und unsere Volksabstimmung, die wir für den Tag der Entscheidung angesetzt hatten, den dreizehnten März 1938, gegen den Anschluss unterstützen. Wär' ja an sich wenig einzuwenden gewesen. Aber dann wieder, die alte Leier: Ein bisserl eine Freiheit bräuchten sie halt, die Andersgläubigen, ihre Flugblätter sollten wir legalisieren. Und ihre Arbeiterzeitung, die Agitprop-Maschine *Vorwärts-Verlag*,* wollten sie wiederbekommen, und wieder anständig schmieren. Und so weiter und so fort. Nichts Neues also, naturgemäß. Was soll man auch anderes erwarten, Frau Rat? Nie etwas Innovatives von den Sozis. Kein Wille zur Reform! Ich habe ja nie verstanden, was an denen progressiv sein soll.

Na ja, wenn sie gegen die Nazis schreiben, ich meine exklusiv, nur und ausschließlich gegen die Nazis, das wär' nicht der ganz große Schaden gewesen. Aber was wird sein, frag ich Sie, Frau Rat, wenn wir's derhalten? Wenn unser entschuldbares Notstandsprojekt die verbrecherischen und völlig unsinnigen Aggressionen unserer deutschen Blutsbrüder entgegen aller eher dürftigen Prognosen überlebt? Richtig, Frau Rat: Dann schmieren sie wieder gegen uns, die Sozis. Wir bieten ihnen versöhnlich einen Finger, sie beißen uns in die ganze Hand.

Und so, Frau Rat, waren wir eben mit all unserer Last bis zum Schluss allein. Fast liberal sind wir geworden in unserer zunehmenden Resignation. Die Nazis haben wir marschieren lassen, ganz offen über unsere Straßen und Plätze. Zahlreiche Familienmitglieder, die sich noch kurz zuvor, demonstrativ und exklusiv loyal, zu unserer Gesinnungsgemeinschaft bekannt hatten, haben nun ihren Kragen mit dem Hakenkreuz gewendet. In Graz war die Erhebung des Volkes besonders erhebend, das muss man bei gebotener Objektivität, Frau Rat, neidlos anerkennen. Hat sich den Titel *Stadt der Volkserhebung* redlich verdient. In der heutigen Orientierungslosigkeit allerdings wandelt sich so ein Titel dann schon mal zur *Stadt der Menschenrechte*.

Die Nazis haben vehement unseren Staatstod und ein zügiges Nachlassverfahren für unser in die politische Insolvenz gleitendes Parallelprojekt eingefordert. Haben wir sie also gewähren lassen. Meinungsfreiheit als *Ultima ratio*, als letztes Ventil. Selbst die Sozis haben wir in die Narrenfreiheit entlassen. Konferenzen überall, haben sie abgehalten, da wurde wieder palavert und in aller Öffentlichkeit diskutiert und gequatscht, als hätten wir die verlotterte Demokratie wieder. Alles freilich unter den wachsamen Augen unserer besorgten Geheimpolizei, die mit dem Hakenkreuz hinter dem Kragen. Und Beschlüsse haben sie gefasst, die Sozis, für den Erhalt Österreichs, ja sogar Unterstützung für unsere Volksabstimmung haben sie zugesagt. Letzteres freilich mit Hängen und Würgen. Weil gekriegt, Frau Rat, haben sie nix, vor allem keine missbrauchsanfälligen Bürgerrechte.

Was für Narren, Frau Rat! Überhaupt kein politisches Gespür, die Sozis. Zu keiner Zeit. Nie haben die gewusst, wo läuft der Hase. Sind selbst immer einfach drauflosgelaufen und haben sich in ihren seltsamen Idealen verrannt. Da waren wir ihnen immer voraus, um Meilen, Frau Rat. Die wenigen Sympathien der Nazis, aus gemeinsamen Tagen in den feuchten Verliesen und Anhaltelagern unseres Notstandsprojekts, haben die Sozis leichtfertig wieder verspielt. Offiziell angemeldet haben sie sich geradezu, mit ihren peinlichen Sympathieaktionen für unsere Volksabstimmung, zur nationalsozialistischen Generalsanierung. Die Dachautransporte allerdings nun, leider, Frau Rat, gemeinsam mit den Unsrigen. Das war allerdings neu. Für uns. Und sicher ein gewisser Wermutstropfen. Wenn die Nazis die Sozialdemokraten allein fahren hätten lassen, ich meine als letztes Zeichen einer familiären Verbundenheit und augenzwinkernden Loyalität, wär's uns freilich auch recht gewesen.

Und wie immer, wenn ich an den ersten Österreichertransport in die deutschen Konzentrationslager denke, fällt mir der Fey* ein. Mein Fey, mein Emil, mein kritischer Freund, und mein Sorgenkind. Ich hab' ihn heute schon erwähnt, Frau Rat, wie man den buchstabiert? Steht schon in Ihrem Protokoll.

Selbst bei einer gefühlvoll inszenierten und exerzierten Salamitaktik braucht's ein scharfes Messer. Wehrkriegsoffizier wie ich, der Fey. Unser unverzichtbarster Haudegen bei der Beseitigung der Demokratie. Und als Sicherheitsminister hat er von der Sonderbehandlung krimineller Elemente wahrlich etwas verstanden. Aber auch immer ein Brückenbauer. Nicht zu den Sozis, Frau Rat. Zu den Nazis, selbstredend.

Ein wenig zu ungestüm war er doch, der Fey, für meinen Geschmack. Schon zu Lebzeiten habe ich, schweren Herzens, geb' ich zu, seine Marginalisierung in unserem gemeinsam errungenen Projekt einleiten müssen. Das Absondern der Nazis war aber nicht das Problem, Frau Rat, das mir sauer aufgestoßen hat, das Schatzen* mit gemäßigten Nazis hab' ich selbst auch ganz gut können. Irgendwann aber hat dann sein schwarzbraunes Doppel-passspiel keinen Abnehmer mehr gefunden. Dann hat er sich halt selbst erschossen. Und dann seine Familie. Nein, doch umgekehrt, Frau Rat. Leider. War eben sehr verzweifelt, mein Fey. Vielleicht hat er sich auch nur gedacht, der Emil, ich hab' mir das schöne Wöllersdorf gebaut, da will ich doch nicht nach Dachau. Eine typische Überreaktion, Frau Rat.

Nur der Otto, Frau Rat! Der Otto war der einzige, der noch ein Licht gesehen hat, am Ende des Tunnels. Und mit Optimismus in die Zukunft geblickt. Der hat auch immer wieder betont, er werde schießen lassen. Nicht auf die Sozis, wo denken Sie hin, Frau Rat! Auf die nur, wenn sie sich nicht benehmen. Auf die Nazis natürlich, wenn sie einmarschieren. Haben wir dann so nicht angenommen, nicht annehmen können, sein selbstloses Angebot. Weil, Sie wissen ja, Frau Rat: deutsches Blut. Hüben wie drüben. Das höchste Gut dieser Welt, das vergießt man nicht, so mir nichts dir nichts.

Ich darf das, Frau Rat, noch einmal mit aller Deutlichkeit beto-nen, weil das für die Einordnung und Wertung unseres Handelns, juristisch ebenso wie historisch, unverzichtbar ist. Wenn wir es, das kostbare deutsche Blut, in unserem entschuldbaren deutschen Notstandsprojekt ein wenig vergießen mussten, als Vorleistung sozusagen, dann immer sparsam und verhältnismäßig. Den Wallisch, als Banater Schwaben, aus dieser rassischen Mischkulanz* da unten, am ungarischen Balkan, lassen wir da geblütstechnisch gerade noch durchgehen. Ich nehme an, Frau Rat, das hohe Gericht wird diese Selbstbeschränkung, diesen verantwortungsvollen Umgang mit unseren Blutressourcen, bei meinem Freispruch zu berücksichtigen wissen.

Unsere Entscheidung gegen das Vergießen ist uns nicht leichtge-fallen, war aber goldrichtig. Wer weiß, vielleicht hätten andernfalls unsere gemeinsamen Blutreserven, hüben wie drüben, überhaupt bis nach Stalingrad gereicht?

Aber wo waren, ich frage Sie Frau Rat, in dieser Zeit der höchsten notstandsbedingten Not, unsere demokratiebewegten

Freunde im Westen? Haben uns schändlich im Stich gelassen! Haben uns nicht ihren achtzehn-, zwanzig-, fünfundzwanzig-, dreißigjährigen, unternehmenslustigen, aber auf Grund der allgemeinen Wirtschaftskrise, selbst im ausgabenseitig gegensteuernden England, vielfach arbeitslosen Testosteronüberschuss geschickt, um den oberösterreichischen, so saugfähigen Boden mit ihrem Blutobolus zu tränken. Warum sie sich da so gesperrt haben, die ach so gutmenschlichen Demokraten, war mir immer ein Rätsel, Frau Rat. Ihr Blut war ja gar nicht deutsch, da gibt's keine Ausrede.

Nein!, haben sie kategorisch gesagt, machen wir nicht. Schon gar nicht für eure Operettendiktatur! Und grad die oberösterreichische Scholle, die wollen wir schon gar nicht tränken, mit unserem undeutschen Blut. Habt ihr da nicht, und später in Wien, die Elite eurer blutsbrüderlichen Aggressoren sozialisiert? Bei den Schönerers, bei den Luegers*? Und wie eure feingeistigen Geistesgrößen noch so heißen. Genau, Frau Rat. Sie, als gewiss nicht nur juristisch, sondern auch historisch Korrekte, haben mitgedacht. Genau da liegt ja das wohl gravierendste Missverständnis zwischen uns und der restlichen Welt begründet. Wir haben die Menschenentsorgungslogistiker nur gebildet. Sie, behutsam und verantwortungsvoll, in die Theorie des Sozialdarwinismus eingeschult. Ein harmloses Gedankenspiel bloß. In die Planungsbüros und an die Hebel der Maschinenstände haben sie, die sorgsam Gebildeten, später dann unsere naiven Blutsbrüder gelassen. Da können wir nichts dafür. Wir selbst waren eh immer nur die reinsten Lamperln!

Die Entwicklungen später, drüben, und nach 1938 auch hüben, waren allerdings schrecklich, da gibt's auch von mir keinerlei Nachsicht. Dichter und Denker waren sie einmal, unsere deutschen Blutsbrüder, jetzt sind sie mutiert: zu Richtern und Henkern. Auch das hat mein so geschätzter, weil ebenfalls, allerdings im Sinne der Humanität unseres Notstandsprojekts, mutierter, Karl Kraus glasklar erkannt. Wir Österreicher hingegen, wie schrecklich die Zeiten auch immer waren, haben stets an dem festgehalten, was wir am allerbesten können: das Dichten und Denken.

Die Beweise

Und das Resultat, Frau Rat, die Bilanz unseres heldenmütigen Abwehrkampfes gegen die teutonischen Barbaren kann sich doch wirklich sehen lassen. Vier sichere, im Großen und Ganzen glückliche, ich möchte fast sagen: unbeschwerte Jahre des Aufschubs haben wir Land und Volk verschafft. Selbstredend, dass das eine Demokratie, schon gar nicht eine mit Sozialdemokraten, Liberalen und Juden, niemals zustande gebracht hätte. Irgend so ein pluralistisch-morbides Regierungsvehikel, wie in Großbritannien, Frankreich oder gar in der Tschechoslowakei, wär doch kläglichst gescheitert.

Der Hitler hätte nur, spätestens 1933 oder 1934, sanft blasen müssen, das morbide Konstrukt der österreichischen, Marxisten-verseuchten Demokratie wäre wie ein Kartenhaus zusammengebrochen. Für diese nüchterne Analyse braucht's keine Glaskugel. Beweise, Frau Rat? Ich bitte Sie, wie sollte man so etwas beweisen?

Die Geschichte, Sie wissen ja, die Geschichte ist eine Vagante, fast ein wenig ein Zigeunerchen, sie triftet mal dahin, mal dorthin. Zumindest glaubhaft soll ich sie machen, Frau Rat, meine Behauptung? Dass nur eine Diktatur eine veritable Chance hat gegen eine Diktatur? Na, solche juristischen Spitzfindigkeiten wären doch wohl eher etwas für einen Schriftsatz meines defätistischen Anwaltes. Wir werden ihn nachreichen.

Aber es liegt doch klar und deutlich auf der Hand: Wir mussten tun, was zu tun war. Wir hatten eben einen Lauf. Das wird ja wohl für die Entschuldbarkeit unseres Notstandes, unserer Notwehrausnahmesituation und für die Entschuldung unseres so tatkräftigen und energischen Gegensteuerns genügen? Logik, Frau Rat! Einfach nur das, was heute, in Ihrer Zeit so bitter nötig wäre: Hausverstand.

Der Otto

Bleiben wir lieber bei den Fakten, Frau Rat. Wie gesagt, der Otto, war zu allem entschlossen. Irgendwie war der gar nicht so ein richtig typischer Habsburger. Sein seliger, weil Krampfadern heilender Vater etwa, der ist immer hin und her gerudert in seiner höchstpersönlichen, majestätischen Willensbildung. Einmal so, einmal so. Karl, nicht nur der Erste, sondern auch der Plötzliche.

Aber der Otto, was sag' ich Ihnen, Frau Rat, der Otto, der war da ganz anders! Ein Mann, ein Wort. Der hätte geschossen, da können Sie ein Schrappnell darauf nehmen. Ich mein, selbst geschossen hätt' er eher nicht, weil da hätte ja einer zurückschießen können. Dann hätten wir keinen obersten Feldherrn mehr gehabt. Aber schießen lassen, die anderen halt, das hätt' er glatt, der Otto. Waren ja genug da, die Zeit gehabt hätten für ein kleines *Shootout* an unseren Grenzen, arbeitslos und ausgesteuert und überhaupt perspektivlos wie die so waren. Warum sollen die nur die Zeit totschlagen?

Aber, Frau Rat, was hätten wir denn gewonnen, wenn wir, wider Erwarten, gewonnen hätten? Ganz abgesehen von den Hektolitern unschuldigen deutschen Bluts, das wir der deutschen Erde in Oberösterreich, Salzburg, Tirol und wo auch immer sie noch einmarschiert wären, unsere zornigen Blutsbrüder, zurückgeben hätten müssen.

Dann hätte er, nach seinem glorreichen Sieg, auch noch Ansprüche gestellt, der Otto. Sicher, ich gebe Ihnen recht, Frau Rat, die Staatsform der Republik hat nicht wirklich mehr, idealtypisch mein ich, zu den mittelalterlich-ideologischen Fundamenten unseres entschuldbaren Notstandsprojekts gepasst. Zurück zur Monarchie, ein wenig verwesend entschärft, warum nicht? Ich hab' mir da schon Reformprojekte überlegt, Frau Rat, für unseren kontinuitätsgarantierenden Notstand. Einiges davon hat die freundliche Dame da in der Ecke ja schon pflichtschuldigst in ihrem Protokoll vermerkt.

In einem monarchischen Gottesgnadentum auch unser eigenes heldenhaftes, notstandsbedingtes Handeln für alle Ewigkeit legitimieren? Eine zarte Versuchung, Frau Rat, gebe ich zu. Diese

Option ist immer offen gestanden, warum sie nicht jetzt auch ziehen? Die apostolische Sendung im Gottesgnadentum, mit ein paar Adeligen und sonstigen ausgewiesenen Ständen, zu Hofe, leben? Warum denn nicht?

Wir haben uns ohnehin, wie bereits angemerkt, eher als Reichsverweser gesehen. Hier in Österreich: Das gottgefällige Notstandsprojekt, für uns allein, mit mir, dem Verweser, später dann, wie ich der Verwesung tatsächlich preisgegeben war, mit meinem Nachfolgeverweser an der Spitze. Das alles im Einklang mit unserem armen aber zukunftsfrohen Volk, das so schöne, zukunftsfrohe Lieder gesungen hat, so erbauliche!

Wenn es in der morgendlichen Frühe dem materiellen Aufbau unserer Volksgemeinschaft entgegen geschritten ist, die Sensen über die Schultern gelegt, lag immer eine fröhliche Melodie auf ihren Lippen. Und das allerbaulichste dieser schönen Lieder, war: *Ein Toter führt uns an.* Mir zu Ehren. Zu Ehren des toten Führers.

Der Kaiser soll sich sein *Gott erhalte* in der Schweiz selbst vorsingen. Hätte er aber deutsches Blut geopfert, der Otto, als Oberfeldherr an unseren bedrängten Grenzen, muss und will der deutsche Fürst wieder Führer sein. Sein Erbe wieder selbst verwesen. Da gewinnt er gegen jede rationale Logik einmal gegen die Deutschen, der Habsburger, unser tapferer Otto, und wir mit unserem Notstandsprojekt sind weg. Einfach abgelegt, treu und freudlos auf dem Misthaufen der Geschichte. Nazis oder Habsburg, Frau Rat? Eine veritable Lose-lose-Situation.

Und dennoch, Frau Rat, kein schlechtes Wort über meinen Otto. Wird mir niemals über die Lippen kommen. In Treue und Aufrichtigkeit unseren Idealen verbunden, blieb er aufrecht, unser aufrechter Recke, selbst dann noch, als unser Projekt längst schon Geschichte war.

Sein Auftritt im Reichsratssaal des Parlaments, zum siebzig-jährigen Gedenken an den Untergang unseres entschuldbaren Notstandsprojekts? Mir fällt dazu nur ein Wort ein, Frau Rat: Unbeschreiblich. Wenn es nicht unschicklich wäre, am Grinzinger

Friedhof Triumphgesänge anzustimmen, ich hätt's getan: Wenn es immer wieder blamable Diskussionen darüber gäbe, hat er, der Thronprätendent, fesch angezogen, die Krawatte, ein Gedicht! dem Mikrophon anvertraut, ob die Österreicher Mitschuldige oder Opfer waren, dann müsse er, Otto, vor Gott und der Welt verkünden, dass es keinen Staat in Europa gäbe, der mehr Recht habe, sich als Opfer zu bezeichnen.

Nur selten hab' ich erlebt, Frau Rat, dass sich Wahrheit und sprachliche Brillanz so harmonisch gepaart haben, wie in diesem wohl nicht zu übertreffenden Satz. Es war einfach nur die Wahrheit, die unser Otto sich erdacht und mit beispiellosem Mut, ja geradezu gelassen, ausgesprochen hat: Da drängen sich die anderen immer in den Vordergrund, wenn's ums Opfer-Ranking geht: die Polen, die Tschechen, die Norweger, die Franzosen, die Niederländer. Die Jugos, auch schon wieder Geschichte, sowieso. Ja, wer denn nicht noch alles, Frau Rat? Krethi und Plethi. Alle wollen sie Opfer sein, und immer mehr als unsereiner.

Weil sie halt, wie sie meinen, wie wir doch auch, überfallen wurden. Aber waren sie die ersten, so wie wir? Frage ich Sie, Frau Rat. Und mussten sie später auch solche heftigen Identitätskrisen durchleben, wie wir, mit traumatischen Opferfolgesymptomen, weit hinein in unsere schmerzliche Nachkriegsgeschichte? Bis in die Ära Kurt Waldheim*?

Und haben sie dann, die anderen, die sogenannten Opfer, nachdem sie, wie sie jetzt wehleidig monieren, überfallen wurden, auch mitmarschieren müssen, gedemütigt als Kamerad Schnürschuh bei den Überfällen auf sie, die anderen, so wie wir? Na alsdann, Frau Rat.

Und als all diese großen und wahrhaften, ja mittlerweile legendären Worte unseres großen und wahrhaften Ottos dann verklungen waren, Frau Rat, erst einmal Stille. Kontemplation. Wenn man dem Volk die Wahrheit sagt, lässt es sich auch begeistern. Keine Spur von Politikverdrossenheit im Reichsratssaal des Parlaments des Jahres 2008.

Als das Publikum endlich begriffen hat, dass da wieder einer da ist, der es versteht, es zu beseelen, nämlich so zu kommunizieren, dass es das fühlen darf, was es immer schon gewusst und gefühlt hat, ist es aufgesprungen. Das gesamte Publikum. Begeisterung, Frau Rat!

Tosender Applaus. Unsere Bewegung lebt, Frau Rat! In diesem Moment des vollkommenen Glücks habe selbst ich der Aufklärung etwas abgewinnen können. Richtig muss man sie nur machen. Und unser tapferer Otto, unser mutiger, unser guter Otto, Frau Rat? Über sich ist er hinausgewachsen, der edle Spross! Na, so ist er eben, der Otto. Da stellt er sich, der wangenrote Österreicher, vor jeden hin. Redet seinen Teil. Und lässt die anderen denken.

Die Finissage

Und so, Frau Rat, sind wir dann im März 1938 schon mitten in unserer noch lange nicht vollendeten notstandsgestützten Sendung unvermittelt gestoppt worden. Man könnte auch sagen: Die Sonne ist uns, im vollen Lauf, vom Himmel gefallen.

Wie unser kleinerer, im Vergleich zu mir eben nur physisch ein wenig größerer, Nachfolgeführer erkannt hat, dass sich die Abwicklung meines Nachlasses mangels öffentlicher und privater Kreditlinien dem Ende zuneigt, hat er sich hingestellt, so wie später dann eben der Otto. Er hat sich hingestellt vor den Allmächtigen, vor unsere Bewegung, die das Land und sich selbst so aufopfernd beschützt und mit allerletzter Moral verteidigt hat, hingestellt vor unsere Schutzbefohlenen.

Hat Haltung bewahrt, unsere Nachlasspersonalie und Position bezogen; und hat sich hingestellt vor der Geschichte und den endgültigen politischen Bankrott verkündet. Gerührt in der Stimme, eine Spur zu weinerlich, wenn ich das, der begnadete Rhetor, etwas kritisch anmerken darf, aber durch und durch mann- und ehrenhaft. *Wir weichen der Gewalt! Gott schütze Österreich!* Vielleicht, Frau Rat, ein wenig zu theatralisch, für meinen Geschmack. Ein bisserl larmoyant, halt. Wie gesagt. Sag zum Abschied leise ….

Servus. Wir waren Staatsmänner, Frau Rat. Keine Sesselkleber. Schon allein, weil deutsches Blut spätestens seit dem deutschen

Reinheitsgebot kaum klebt. Wenn's aus ist, ist's aus. Abberufen von einer höheren Macht. Unser entschuldbares Notstandsprojekt war nach vier guten Jahren für die apostolische Sendung Österreichs, für Land, Bewegung und Volk, pflichterfüllend und korrekt abgewickelt.

Nun kam ein anderes.

III. Das Ungedulden

Das aktuelle, bereits in der Ausbildungsphase psychologisch begut-
achtete, sorgfältig ausgewählte Fachpersonal der österreichischen
Gerichtsbarkeit gilt zu Recht als kompetent, freundlich und gelassen. Ruhig wird das Verfahren geleitet, ruhig wird rechtliches
Gehör gewährt. Niemals wird der Wahrspruch der Geschworenen
vorweggenommen.

Aber auch ein vielfach durch Lebenserfahrung und zeitweilig auch Sport in der Freizeit gestärkter Faden der Geduld und
Contenance kann überstrapaziert werden. Manch ein Vertreter
dieser schon im Mittelalter bedeutenden, aber in der mittlerweile
verflossenen Zeit, intellektuell wie emphatisch, weiterentwickelten
Zunft findet dann deutliche, selbst für juristisch wenig geschulte
Zeitgenossen einleuchtende Worte.

Mag also sein, dass die vorsitzende Richterin dem Märtyrer
nach Beendigung seines beeindruckenden Eingangsplädoyers tief
und lange in die Augen geblickt und dann, allenfalls mit einem
charmant-maliziösem Lächeln - warum auch nicht? – bemerkt
hätte: *Jetzt ist aber Schluss mit lustig, Zauberer!* Haben Sie sich, Herr
Märtyrerkanzler, auf ihrem Weg von Ihrer Hietzinger Grablege
hierher, vielleicht irgendwo, an einer Litfaßsäule etwa, oder gar
einem Laternenpfahl, etwas heftiger gestoßen?

Zeittafel

1892	Am 4. Oktober kommt Engelbert Dollfuß in Untertexing, Niederösterreich, als unehelicher Sohn einer Bauerntochter und eines Müllergehilfen zur Welt.
1913	Dollfuß legt die Matura am fürsterzbischöflichen Knabenseminar der Erzdiözese Wien in Oberhollabrunn mit gutem Erfolg ab. Er tritt in das Wiener Priesterseminar ein und studiert Theologie, wechselt dann aber zum Studium der Rechtswissenschaften.
1914	Nach dem Ausbruch des Ersten Weltkrieges meldet sich Dollfuß als Freiwilliger zum Militärdienst, wird aber aufgrund seiner Größe (um 1,50 m) vorerst abgelehnt. Nach Zulassung zur Brixener Offiziersschule kämpft er als Kommandant einer Maschinengewehrabteilung an der Italienischen Front. Er gilt als mutig und einsatzfreudig. Acht Tapferkeitsmedaillen.
1918	Die Republik Österreich wird ausgerufen. Dollfuß setzt sein Studium in Wien fort. Er tritt der Deutschen Studentenschaft bei und ist Mitglied der christlichen Burschenschaft K.Ö.H.V. Franco-Bavaria Wien.
1920	Die tragenden politischen Parteien – Sozialdemokraten, Christlichsozialen und Deutschnationalen – finden zu einem demokratischen und rechtsstaatlichen Verfassungskompromiss, den der Rechtstheoretiker Hans Kelsen maßgeblich ausarbeitet. Der Schwerpunkt der Macht liegt beim Parlament. Die ersten christlichsozialen und deutschnationalen Heimwehren werden gegründet. Diese paramilitärischen Verbände entwickeln früh eine autoritäre, antidemokratische Programmatik. Nach einer Wahlniederlage scheiden die Sozialdemokraten aus der Regierung aus. Bis zur Zerstörung der Demokratie 1933/34 sollte der »Bürgerblock« – eine Koalition aus Christlichsozialen und Deutschnationalen – regieren.
1921	Dollfuß heiratet zu Silvester Alwine Glienke (1897 bis 1973).
1923	Zum Schutz der demokratischen und rechtsstaatlichen Republik gründet die Sozialdemokratie aus bereits

bestehenden, losen Verbänden den Republikanischen Schutzbund, wie die Heimwehren eine paramilitärische Organisation. Im Gegensatz zu den Heimwehren hat er das Ziel, die Errungenschaften der Jahre 1918 bis 1920 – Demokratie, Rechtsstaat und erste Ansätze eines Sozial- und Wohlfahrtsstaates – gegen rechtsautoritäre Angriffe zu verteidigen. Die politische Auseinandersetzung wird nicht nur in den Parlamenten, sondern gewaltsam auf der Straße ausgetragen. Es gibt Verletzte und Tote.

1927 Mitglieder der Frontkämpfervereinigung, ein Heimwehr-verband, schießen im burgenländischen Schattendorf auf den demonstrierenden Republikanischen Schutzbund. Ein Kind und ein Invalider werden getötet. Ein Wiener Geschworenengericht erkennt auf Notwehr und spricht die Attentäter frei. Es kommt zu spontanen Arbeiterde-monstrationen an der Ringstraße. Der Justizpalast wird in Brand gesetzt, Wasserschläuche der Löscheinheiten zerschnitten. Die Sozialdemokratie, mit dem Wiener Bür-germeister Karl Seitz an der Spitze, vermittelt vergeblich. Die Regierung, Bundeskanzler Ignaz Seipel und Innenmi-nister Karl Hartleb, geben dem Wiener Polizeipräsidenten Johann Schober freie Hand. Dieser lässt in die Menge schießen und die Demonstration mit berittener, Schuss-waffen und Säbel einsetzender Polizei auflösen. Etwa 90 Tote und 1.000 Verletzte sind zu beklagen. Die politische Schwäche der Sozialdemokratie wird offensichtlich, die rechtsautoritären Tendenzen werden stärker.

1929 Der Bürgerblock fordert eine Verfassungsänderung mit einem »starken Mann« an der Spitze. Die Sozialdemo-kratie bremst dieses Vorhaben, es wird der letzte über-parteiliche Kompromiss in der Ersten Republik gefunden. Wesentliche Machtbefugnisse des Parlamentes werden zum Bundespräsidenten verlagert. Er wird direkt vom Volk gewählt, bestellt die Regierung, kann den Nationalrat auflösen und erhält ein Notverordnungsrecht.

1930 Die Heimwehren fordern in einem feierlichen Eid in Korneuburg endgültig die Zerschlagung der Demokratie. Die Gewaltenteilung – Legislative, Exekutive und Judi-kative – soll ersetzt werden durch »den Gottesglauben, den eigenen harten Willen und das Wort der Führer«.

1931   Walter Pfrimer, ein steirischer Heimwehrführer, marschiert
auf Wien, um das demokratische Projekt zu beenden. Er
wird in die Schranken gewiesen. Der Hochverratsprozess
in Graz endet – wenig überraschend – mit Freispruch.
Die Justiz ist bereits weitgehend mit rechtsautoritären
Parteigängern und Sympathisanten durchsetzt.
Dollfuß, der im Agrarbereich schon als Bauernbundsekretär
und Sekretär der Landwirtschaftskammer Erfahrungen
sammeln konnte, wird als Landwirtschaftsminister in die
Regierung berufen.

1932   Am 10. Mai wird Dollfuß von Bundespräsident Wilhelm
Miklas mit der Bildung einer neuen Regierung beauftragt.
Koalitionsgespräche mit den Sozialdemokraten scheitern.
Diese fordern Neuwahlen. Dollfuß bildet eine rechtskon-
servative Regierung aus Christlichsozialen, Landbund und
Heimatblock. Sie verfügt im Nationalrat über eine Mehr-
heit mit nur einer einzigen Stimme Überhang. Bereits im
Oktober versucht Dollfuß, mit dem Kriegswirtschaftlichen
Ermächtigungsgesetz aus dem Jahr 1917 verfassungswidrig
Rechtsnormen, die dem Parlament vorbehalten sind, zu
erlassen. Die Sozialdemokraten protestieren gegen diesen
ersten Versuch, die Demokratie zu unterlaufen.

1933   Am 4. März treten alle drei Präsidenten des Nationalrates nach Unregelmäßigkeiten bei der Abstimmung zu
einem Eisenbahnerstreik und nach einer Geschäftsord-
nungsdebatte zurück. Den für den 15. März einberufenen,
rechtskonformen Wiederzusammentritt dieser Haupt-
kammer des Bundesparlamentes verhindert Dollfuß mit
Waffengewalt. Er spricht von einer »Selbstausschaltung des
Parlaments« – tatsächlich war er es, der es eliminiert hat.
Im Mai paralysiert er zudem den Verfassungsgerichtshof.
Eine rechtliche Bekämpfung des Verfassungsbruches
ist damit nicht mehr möglich. Die Gewaltentrennung,
Herzstück der Verfassung, ist damit beendet. Die Mei-
nungsfreiheit wird eingeschränkt, die Zensur verhängt. Der
Republikanische Schutzbund, die Kommunistische Partei
und die Nationalsozialistische Deutsche Arbeiterpartei
(NSDAP) werden verboten. Vertreter der demokratischen
Opposition werden verhaftet. Die Todesstrafe wird wieder
eingeführt, in Wöllersdorf ein Anhaltelager für politisch

Andersdenkende errichtet. Am Ende des Jahres wird auch die demokratische Willensbildung in den Arbeiterkammern ausgeschaltet.

1934 Dollfuß und die Heimwehren gehen daran, die demokratische Opposition endgültig aus ihren verbliebenen politischen Gestaltungsräumen zu beseitigen und die Diktatur zu errichten. Sie lösen bewusst und vorsätzlich den Aufstand des Republikanischen Schutzbundes am 12. Februar 1934 aus. Die Arbeiter kämpfen für Arbeit, Freiheit und Recht. Der Aufstand, der mit völlig unzureichenden Mitteln und unorganisiert geführt wird, bricht nach wenigen Tagen zusammen. Eine Verhaftungswelle durchzieht das Land, neun Aufständische werden hingerichtet. Die Sozialdemokratie wird ihrer demokratischen Mandate verlustig erklärt, die Partei wird verboten.

Ein Rumpfparlament erlässt im Mai 1934 eine neue »Verfassung«. Die ursprünglich vorgesehene ständestaatliche Struktur wird nie umgesetzt. Die Diktatur wird heute als Austrofaschismus, österreichische Diktatur oder Kanzler- bzw. Regierungsdiktatur bezeichnet.

Am 25. Juli 1934 putschen die Nationalsozialisten gegen das autoritäre Regime. Neuere Untersuchungen zeigen, dass der Umsturzversuch von Adolf Hitler, der im Jänner 1933 im Deutschen Reich an die Macht gekommen war, angeordnet, zumindest aber gedeckt war. Das Bundeskanzleramt wird gestürmt, Engelbert Dollfuß angeschossen. Er verstirbt ohne ärztlichen und priesterlichen Beistand. Der Putsch ist nach einigen Tagen zu Ende, 13 Putschisten werden hingerichtet.

Kurt Schuschnigg folgt Dollfuß an die Spitze der Diktatur. Um Engelbert Dollfuß entwickelt sich ein Führer-Totenkult, der Ausläufer bis in die heutige Zeit findet. Dollfuß gilt bei seinen Anhängern als Märtyrer, der die Unabhängigkeit Österreichs gegen die nationalsozialistische Aggression verteidigt habe.

1935 Benito Mussolini, Führer des italienischen Faschismus und vorgeblich Garant für die austrofaschistische Diktatur, überfällt das Kaiserreich Abessinien. Er setzt Giftgas ein. Die internationale Gemeinschaft protestiert, im

Völkerbund werden Sanktionen gefordert. Österreich – mit zwei weiteren Staaten – verweigert die Zustimmung.

1936 Nach der Annäherung Mussolinis an Hitler verstärkt sich der nationalsozialistische Druck auf Österreich. Die austrofaschistische Diktatur sucht den Ausgleich mit dem Deutschen Reich. Mit dem »Juliabkommen« werden zwei Vertrauensleute der Nationalsozialisten, Edmund Glaise von Horstenau und Guido Schmidt, in die österreichische Regierung aufgenommen. Teil des Abkommens ist eine Amnestie: politische Gefangene – Nationalsozialisten, aber auch Sozialdemokraten und Kommunisten – kommen frei.

1938 Im Februar 1938 wird Kurt Schuschnigg von Hitler auf den Berghof zitiert. Er kann dem Druck nicht standhalten und unterzeichnet das Berchtesgadener Abkommen. Es sichert den Nationalsozialisten in Österreich freie politische Betätigung zu und stärkt ihre Beteiligung in der Regierung. Arthur Seyß-Inquart wird zum Innen- und Sicherheitsminister ernannt. De facto ist die Souveränität Österreichs beendet. Anfang März demonstrieren Nationalsozialisten in beeindruckender Stärke in Graz. Schuschnigg setzt für den 13. März eine Volksabstimmung über die Unabhängigkeit Österreichs an.

Die demokratische Opposition, Sozialdemokraten und Gewerkschaften – aber auch die Kommunisten – unterstützen diese Volksabstimmung, obwohl Schuschnigg jegliche demokratische oder rechtsstaatliche Zugeständnisse verweigert. Das Deutsche Reich erzwingt den Rücktritt der Regierung und marschiert in Österreich ein. Am 13. März wird der »Anschluss« verkündet. Es beginnt eine beispiellose Verhaftungswelle gegen Linksliberale und Funktionäre des Austrofaschismus sowie eine systematische Verfolgung der jüdischen Bevölkerung.

2011 Im Nationalrat wird das Aufhebungs- und Rehabilitierungsgesetz einstimmig beschlossen. »Die Ausübung staatlicher Hoheitsgewalt, zum Rechtsnachteil derjenigen, die sich in Wort und Tat für ein unabhängiges, demokratisches und seiner geschichtlichen Aufgabe bewusstes Österreich eingesetzt haben, widerspricht demokratischen Prinzipien. Damit sind Urteile und Bescheide gegen die demokratische Opposition, insbesondere auch gegen die

Aufständischen im Februar 1934, als »Unrecht im Sinne des Rechtsstaates« aufzuheben.

2015 Die Österreichische Volkspartei, die sich 1945 als demokratische Sammelpartei neu formiert hat und enorme Verdienste um die neuerliche Demokratisierung des Landes zu verzeichnen hat, nimmt in der offiziellen Rede des Bundesvorsitzenden Reinhold Mitterlehner bei der 70-Jahres-Feier ihrer Gründung eine eindeutige Position zum Dollfuß-Schuschnigg-Regime ein. Von 1933 bis 1938 habe es eine Kanzlerdiktatur gegeben, von der sich die ÖVP klar distanziere.

2019 Anlässlich des 85-jährigen Gedenkens an den Februaraufstand 1934 und den 130sten Geburtstag von Koloman Wallisch wird die österreichische Diktatur in den Medien kontrovers diskutiert. Die Debatte zeigt, dass diktaturaffine Geschichtsbilder nicht überwunden sind.

Glossar

Adelheid Popp	1869–1939. Bedeutende sozialdemokratische Politikerin. Pionierin der Frauenbewegung.
Agnus Dei	Lamm Gottes
Ahasver	Figur aus der christlichen Mythologie, der »ewige Jude«.
Ahrer, Josef	1908–1934. Mitglied des Republikanischen Schutzbundes in Steyr. Im Februaraufstand 1934 hingerichtet.
Almudena-Kathedrale	Kathedrale in Madrid. Als Grablege für den Diktator Franco im Gespräch.
Angespitzt	Provoziert
Antichambrieren	Im Vorzimmer auf einen Besprechungstermin warten.
Aufselchen	Sich etwas aufselchen können = etwas abschreiben, vergessen können.
Augustinus, von Hippo	354–430. Zwischen 395 und 430 Bischof von Hippo Regius (heutiges Algerien). Aufgrund seiner zahlreichen, für die christliche Heilslehre bedeutenden Schriften als »Kirchenvater« tituliert.
Bahö	Wirbel, Unruhe.
Bänkelsänger	Fahrender Sänger.
Barbarossa, Friedrich I.	Um 1122–1190. Zwischen 1152 und 1190 legendärer römisch-deutscher König bzw. Kaiser des Heiligen römischen Reiches.
Battisti, Cesare	1875–1916. Sozialdemokratischer Abgeordneter zum österreichischen Reichsrat. Stand 1915 auf der Seite Italiens. Wegen Hochverrats hingerichtet.
Bauer, Otto	1881–1938. Sozialdemokratischer Politiker. Mitbegründer des Austromarxismus. 1918–1919 Staatssekretär (Minister für Äußeres).

	Stellvertretender Vorsitzender und Chef-ideologe der Partei.
Baumkirchner, Andreas	1420–1471. In Fehde mit Friedrich III., wird unter Vorspiegelung freien Geleits nach Graz gelockt, festgenommen und hingerichtet.
Berchtesgadener Abkommen	Ein am 12. Februar 1938 unter Druck der Nazis zustande gekommenes Abkommen, das das Ende des Austrofaschismus besiegelte.
Bernaschek, Richard	1888–1945. Sozialdemokratischer Politiker und Führer des oberösterreichischen Republika-nischen Schutzbundes. Wehrt sich im Februar 1934 gegen eine illegale Hausdurchsuchung, womit der Aufstand gegen die Diktatur aus-gelöst wird.
Blitzgneißen	Erkennen mit schneller Auffassungsgabe.
Bonzengfrast	Nichtsnütziger, dem Volk entfremdeter Funk-tionär. Abwertend vor allem für Sozialdemo-kraten.
Breitner, Hugo	1873–1946. Sozialdemokratischer Politiker. Fi-nanzstadtrat von Wien.
Brenzlig	Bedenklich, gefährlich.
Burjan, Hildegard	1883–1933. Gründerin der Caritas Socialis. Christlichsoziale Abgeordnete.
Casa de Austria	Haus Österreich.
Caudillo	Spanisch für Führer. An Mussolinis *Duce* an-gelehnt.
Depp, deppert	Geistig beeinträchtigter Mensch.
Doppelverdiener-Verordnung	Unter Verweis auf die hohe Arbeitslosigkeit wurden ab Dezember 1933 Frauen aus dem Staatsdienst grundsätzlich entlassen.
Eingeschnappt	Beleidigt
Fair trial	Faires rechtliches Verfahren durch unabhängi-ge Behörden und Gerichte. Kernelement der Europäischen Menschenrechtskonvention.
Falange	Faschistische Bewegung in Spanien.

Falken	Rote Falken. Sozialdemokratische Jugendorganisation.
Februarkommunisten	Sozialdemokraten, die aus Enttäuschung über den gescheiterten Aufstand 1934 zu den Kommunisten übergelaufen sind.
Fey, Emil	1886–1938. Militär- und Heimwehrführer. Politiker in der Ersten Republik und im Austrofaschismus. 1932–1934 Staatssekretär bzw. Minister für Sicherheit (Inneres).
Fink, Jodok	1853–1929. Christlichsozialer Politiker. 1919–1920 Vizekanzler.
Firlefanz	Überflüssiges oder wertloses Zeug.
Franziscus	Gemeint ist Francisco Franco (1892–1975). Faschistischer spanischer Führer.
Freiheitsbund	Wehrverband des christlichen Gewerkschaftsflügels, gegründet 1927.
Freisprechung	Traditionelle, positive Beendigung eines Lehr(Auszubildenden)verhältnisses.
Freud, Sigmund	1856–1939. Neurologe und Tiefenpsychologe. Begründer der Psychoanalyse.
Friedenszins	Reduzierter, sozialer Mietzins.
Friedrich III.	1415–1493. Zwischen 1440 und 1493 römisch-deutscher König bzw. Kaiser des Heiligen römischen Reiches. Verfolgt mit Zähigkeit den Anspruch Habsburgs auf die Königskrone.
Frissfürnichts	Unnützer Esser.
Funz'n, Funzen	Unangenehme, dumme Frau.
Gänsehäufl	Traditionsreiches Freibad in Wien.
Geleit, freies	Spielt darauf an, dass Friedrich III. dem aufständischen Heerführer Andreas Baumkircher im Jahr 1471 freies Geleit zugesichert und gebrochen hat. Baumkircher, Freiherr von Schlaining (vermutlich 1420 bis 1471), wurde in Graz festgesetzt und hingerichtet.
Generalprävention, generalpräventiv	Abschreckende sozialpädagogische Wirkung auf die Allgemeinheit.

Gerl, Josef Julius	1912–1934. Ein Mann des Widerstandes gegen den Austrofaschismus. Verübt am 20. Juli 1934 mit Rudolf Anzböck einen Sprengstoffanschlag auf eine Signalanlage, der nur geringen Schaden verursacht. Bei seiner Verhaftung verletzt er einen Polizisten lebensgefährlich, dieser stirbt drei Wochen später. Wegen Sprengstoffbesitzes und Sachbeschädigung mit Sprengstoff, nicht aber wegen Mordes oder Körperverletzung mit Todesfolge, wird er zum Tode verurteilt und hingerichtet.
Geschmeiss	Abschaum, Lumpengesindel, Pöbel.
Gesocks	Pack, Geschmeiss.
Glaise-Horstenau, Edmund	1882–1946. Politiker im Austrofaschismus und Funktionär im Dritten Reich. 1936–1938 Minister, in den Tagen des »Anschlusses« Vizekanzler.
Glöckel, Otto	1874–1935. Sozialdemokratischer Politiker. Staatssekretär (Minister) für Bildung 1918–1920. Reformer des österreichischen Schulwesens.
Grausbirnen	Grausbirnen aufsteigen lassen = sich in ärgerliche Erregung versetzen.
Gschnas	Faschingsveranstaltung
Gschrappen	Kleine Kinder.
Gsiberger	Vorarlberger
Habsburg-Lothringen, Karl	Geboren 1961. Ehemaliger ÖVP-Politiker, Sohn von Otto Habsburg (1912–2011), dem ältesten Sohn des letzten österreichischen Kaisers Karl I..
Hackeln	Kleine Beile.
Hanusch, Ferdinand	1866–1923. Sozialdemokratischer Politiker und bedeutender Sozialreformer. 1918–1920 Staatssekretär(Minister) für soziale Fürsorge bzw. soziale Verwaltung .
Havariert	Beschädigt
Haydn, Joseph	1732–1809. Komponist der Wiener Klassik. Mit

einer Melodie aus seinem »Kaiserquartett«
wurden österreichische Hymnen und das
Deutschlandlied (aktuelle deutsche Hymne)
unterlegt.

Hecht 1881–1938. Jurist und Spitzenbeamter (Sektionschef) in der Ersten Republik und im Austrofaschismus.

Hêrren unde kneht Herren und Knechte. In der »Weltklage« von
Walther von der Vogelweide Ausdruck der
gottgewollten mittelalterlichen Gesellschafts-
ordnung, der strengen sozialen Trennung von
Herren und Untertanen (Knechten).

Herumdoktern Auf dilettantische Weise Heilversuche anstellen.

Hobbes, Thomas 1588–1679. Englischer Mathematiker und Staats-
theoretiker. Bedeutender Vertreter der Auf-
klärung.

Horthy, Miklós 1868–1957. Rechtsautoritärer Diktator in Ungarn.

Hoys, Johann 1891–1934. Mitglied des Republikanischen
Schutzbundes. Im Aufstand 1934 hingerichtet.

Innenminister, Gemeint ist der FPÖ-Mann Herbert Kickl,
verflossener Innenminister von Dezember 2017 bis Mai
2019.

Innitzer, Theodor 1875–1955. Katholischer Geistlicher. 1929–1930
Sozialminister. 1932 Erzbischof von Wien.

In petto haben Etwas für einen bestimmten Zweck in Bereitschaft haben, aber es noch zurückhalten.

Jabloner, Clemens Österreichischer Jurist, Präsident des Verwal-
tungsgerichtshofes; 2019 Vizekanzler.

Jahwe Name Gottes im Alten Testament.

Jakobiner Mitglieder eines politischen Klubs in der
Französischen Revolution.

Jodok Fink 1853–1929. Christlichsozialer Politiker. 1919–1920
Vizekanzler.

Juliabkommen Ein zwischen Österreich und dem Deutschen
Reich am 11. Juni 1936 abgeschlossener Vertrag.

Jumbus	Gefängnis
Justifizieren	Nach einem strafgerichtlichen Prozess hin-richten.
Kaiserschützen	Verbände der Landwehr in der österrei-chisch-ungarischen Monarchie.
Karnifeln	Ärgern, Quälen.
Katzelmacher	Schmähwort für Italiener.
Kelsen, Hans	1881–1973. Einer der weltweit bedeutendsten Rechtswissenschafter des 20. Jahrhunderts. Rechtspositivist. Begründer der »Reinen Rechtslehre«. Maßgeblicher Architekt der österreichischen Bundesverfassung von 1920. Wurde angefeindet und 1930 aus dem Land gedrängt.
Kernstock, Ottokar	1848–1928. Rechtsautoritärer Schriftsteller und katholischer Priester. Verfasser der österrei-chischen Bundeshymne und des *Hakenkreuz-liedes*.
Khol, Andreas	Österreichischer Politiker, Klubobmann der ÖVP; Präsident des Nationalrats von 2002 bis 2006
Kinderfreunde	Jugendorganisation, der Sozialdemokratie nahe stehend.
Kippa	Traditionelle Kopfbedeckung des gläubigen, männlichen Juden.
Kohlhaas, Michael	Literarische Figur von Heinrich von Kleist. Überschreitet in seinem Kampf um Gerech-tigkeit das Maß.
Kommers	Hochoffizielle Feier, vor allem in Studenten-verbindungen.
König, Franz	1905–2004. Katholischer Geistlicher. 1956–1985 Erzbischof von Wien. Modernisiert als Vertreter des Säkularismus die katholische Kirche.
Kraus, Karl	1874–1936. Österreichischer Schriftsteller und Aktivist. Herausgeber der periodischen Zeit-schrift *Die Fackel*. Einer der bedeutendsten

Gesellschaftskritiker seiner Zeit. Mit dem Antikriegsdrama *Die letzten Tage der Menschheit* setzt er ein humanistisches Monument. 1927 fordert er den Wiener Polizeipräsidenten Johann Schober als einen der Hauptverantwortlichen für das Massaker an den Demonstranten vor dem Justizpalast zum Rücktritt auf. Nach dem Staatsstreich 1933/34 unterstützt Kraus, zum weitgehenden Unverständnis vieler seiner Schriftstellerkollegen, Dollfuß und den Austrofaschismus.

Kredenz   Anrichte

Kreisky, Bruno   1911–1990. Sozialistischer/Sozialdemokratischer Politiker. Im Widerstand gegen den Austrofaschismus in Haft und 1936 (»Sozialistenprozess«) vor Gericht gestellt. Bundeskanzler von 1970–1983.

Kunschak, Leopold   1871–1953. Politiker der Christlichsozialen Partei bzw. der Österreichischen Volkspartei. Scharfer Antisemit.

Lackner, Hermann   1900–1984. Führer des Republikanischen Schutzbundes in Bruck/Mur. 1945–1949 sozialdemokratischer Abgeordneter zum Steiermärkischen Landtag, 1949–1962 Abgeordneter zum Nationalrat.

Lamperl   Lamm, Unschuldslamm.

Liederbücher   Vor der Niederösterreichischen Landtagswahl Ende Jänner 2018 wurde bekannt, dass die deutschnationale Burschenschaft Germania, der FPÖ-Landeschef Udo Landbauer angehörte, ein Liederbuch mit grob antisemitischen Texten in Verwendung hatte. Landbauer trat kurzfristig zurück, ist aber mittlerweile wieder politisch tätig. Ende Oktober 2019 wurde den Medien zugespielt, dass der FPÖ-Abgeordnete zum Nationalrat Wolfgang Zanger in der schlagenden Verbindung Corps Austria zu Knittelfeld ein Liederbuch mit antisemitisch-rassistischen und sexistischen Texten in Händen hielt und sich davon auf Nachfrage nicht distanzierte. Bereits zuvor hatte er immer wieder auch »gute Seiten am Nationalsozialismus« entdeckt.

Lobkowitz	Böhmisches Adelsgeschlecht.
Lueger, Karl	1844–1910. Christlichsozialer Politiker. 1897–1910 Wiener Bürgermeister. Scharfer Antisemit.
Mann, Thomas	1875–1955. Deutscher Schriftsteller. 1929 Nobelpreis für Literatur.
Marie	Geld
Marterl	Bildstock
Miklas, Wilhelm	1872–1956. Christlichsozialer Politiker. 1928–1934 Bundespräsident der Ersten Republik, 1934–1938 im Austrofaschismus.
Mensur	Traditioneller, streng reglementierter Fechtkampf zwischen Studentenverbindungen. Endet regelmäßig mit Verletzungen im Gesicht.
Mischkulanz	Mischung
Mischpoche	Jüdisch für Familie; abwertend: Sippe.
Mitterlehner, Reinhold	Österreichischer Vizekanzler (ÖVP) 2014-2017.
Mohrln	Abwertend: Mohren, Schwarze.
Monsignore	Titel von Prälaten der katholischen Kirche.
Montesquieu, Charles-Louis de Secondat	1689–1755. Französischer Schriftsteller und Staatstheoretiker. Bedeutender Vertreter der Aufklärung.
Münichreither, Karl	1891–1934. Sozialdemokratischer Politiker. Führer des Republikanischen Schutzbundes in Wien-Hietzing. Im Februaraufstand 1934 hingerichtet.
Muffensausen	Angst
Musil, Robert	1880–1942. Schriftsteller und Theaterkritiker. Mit dem Werk *Der Mann ohne Eigenschaften* ausnehmend bedeutend.
Nebbich	Unbedeutende Person. Dummes Zeug.

Neustädter-Stürmer, Odo	1885–1938. Christlichsozialer und austrofaschistischer Politiker. 1933–1935 Staatssekretär und Minister für soziale Verwaltung.
Nudelsuppe	Auf der Nudelsuppe daher schwimmen = unbedarft, unerfahren sein.
Nullkommajosef	Absolut nichts.
Packeln	Abwertend: mit jemanden (heimlich) paktieren.
Pantokrator	Weltherrscher
Parlamentspräsident (wackerer)	Gemeint ist Andreas Khol. ÖVP-Politiker, von 2202 bis 2006 Präsident des österreichischen Nationalrats.
Patsch'n	Hausschuhe. Die Patsch'n strecken = sterben.
Petrarca, Francesco	1304–1374. Dichter, Geschichtsschreiber und Humanist. Entlarvt das Privilegium Maius, ein bedeutendes österreichisches Staatsdokument, als Fälschung.
Pfeffern	Schießen
Pfrimer, Walter	1881–1968. Leiter des Steirischen Heimatschutzes (Heimwehrverband). Putscht 1931 gegen die demokratische Republik.
Picobello	Einwandfrei, vorzüglich.
Pinkerl	Kleine Tasche.
Piłsudsky, Józef	1867–1935. Zwischen 1926 und 1935 rechtsautoritärer Diktator in Polen.
Planetta, Otto	1899–1934. Österreichischer Nationalsozialist. Attentäter auf Dollfuß.
Primo de Rivera, José Antonio	1903–1936. Hingerichtet von der spanischen Republik.
Raab, Julius	1891–1964. ÖVP-Politiker. Bundeskanzler zwischen 1953 und 1961.
Rauchenberger, Viktor	1908–1934. Mitglied des Republikanischen Schutzbundes. Im Aufstand 1934 hingerichtet.
Reconquista	Zurückeroberung der iberischen Halbinsel gegen Muslime seit 722.
Remmidemmi	Buntes Treiben, großer Trubel.

Renner, Karl	1870–1950. Sozialdemokratischer Politiker. Staatsgründer 1918 und 1945. Im März 1933 bekleidet er das Amt des Nationalratspräsidenten. Unbedacht tritt er zurück, um Strafmaßnahmen gegen streikende Eisenbahner zu verhindern. Dieser Schritt löst eine Parlamentskrise aus, die Dollfuß zur Beseitigung der Demokratie nützt. 1938 empfiehlt Renner im Neuen Wiener Tagblatt, für den »Anschluss« Österreichs an das nationalsozialistische Deutschland zu stimmen. Bundespräsident 1945–1950.
Riccione	Badeort an der italienischen Adria, an dem im August 1933 ein Treffen zwischen Mussolini und Dollfuß stattfand.
Richtervereinigung	Freiwillige Interessensvertretung der Richter in Österreich.
Rintelen, Anton	1876–1946. Christlichsozialer Politiker. Landeshauptmann der Steiermark 1928–1933. Querverbinder zu Heimwehren und Nationalsozialismus. Von den Putschisten im Juli 1934 als Bundeskanzler vorgesehen.
Rudolf IV., der Stifter	1339–1365. Herzog in den österreichischen Erblanden, fälscht das Privilegium Maius, eine Staatsurkunde, die eine Sonderstellung des Herzogtums Österreich im Reich begründen soll.
Rundordner	Papierkorb
Ruß, Hubert	1898–1934. Stellvertretender Führer des Republikanischen Schutzbundes in Bruck/Mur.
Rutsche	Eine Rutsche legen = unterstützen.
Sapperlot	Ausruf der Verwunderung, auch der Anerkennung.
Schalmei	Holzblasinstrument mit lieblichen Tönen.
Schatzen	Flirten
Scheitelknien	Knien auf einem Holzscheit. Bestrafungsmethode der »schwarzen Pädagogik«.

Schicklgruber	Familienname des Vaters von Adolf Hitler.
Schickse	Nichtjüdische Haushaltshilfe, die vor allem am Sabbat Dienste für jüdische Familien verrichtet.
Schläger	Hiebwaffe zur Austragung von Mensuren in schlagenden Burschenschaften.
Schlendrian	Gleichgültiges, liebloses Vorgehen.
Schlick, Moritz	1882–1936. Deutsch-österreichischer Physiker und Philosoph. Begründer des Wiener Kreises.
Schmähbruder	Schmäh = Schwindelei, Unwahrheit.
Schnapszutz	In Schnaps getauchter Schnuller, um nachgeborene Bauernsöhne mental zu beeinträchtigen, damit sie ihr Los des zukünftigen Knechtseins gelassener ertragen.
Schummeln	Täuschen, unehrlich handeln.
Schuschnigg, Kurt	1897–1977. Christlichsozialer und austrofaschistischer Politiker. Justizminister. 1934–1938 Diktator.
Seipel, Ignaz	1876–1932. Katholischer Theologe und Prälat. Christlichsozialer Politiker. 1921–1930 Parteiobmann, in dieser Zeit zweimal Bundeskanzler.
Sekkieren, Sekkanterie	Ärgern, anpöbeln.
Sendbote	Irdischer Apostel, himmlischer Engel.
Seyß-Inquart, Arthur	1892–1946. Österreichischer Jurist und Nationalsozialist. Letzter Bundeskanzler im Austrofaschismus. Aufgrund seiner Taten in führenden nationalsozialistischen Positionen im Nürnberger Prozess verurteilt und hingerichtet.
Sonnenfels, Joseph	1733–1817. Österreichischer Schriftsteller und Verwaltungsreformer. Bedeutender Vertreter der Aufklärung und des Josephinismus.
Sozi	Sozialist, Sozialdemokrat.
Sozialministerin (unlängst)	Gemeint ist die FPÖ-Frau Beate Hartinger-Klein. Sozialministerin vom Jänner 2018 bis Mai 2019.

Spitzmüller, Alexander	1862–1953. Jurist und Bankdirektor.
Stanek, Josef	1883–1934. Sozialdemokratischer Politiker und Gewerkschafter der Metallarbeiter. Rechtsschutzsekretär der Steirischen Arbeiterkammer und Sozialversicherungsfunktionär. Wurde nach dem Aufstand in Graz im Februar 1934 hingerichtet.
Starhemberg, Ernst Rüdiger	1638–1701. Feldmarschall. Befehligt die Verteidigung Wiens gegen die Türken 1683.
Starhemberg, Ernst Rüdiger	1899–1956. Heimwehrführer. Bundesführer der Vaterländischen Front und Vizekanzler im Austrofaschismus.
Staud, Johann	1882–1939. Gewerkschafter und Christlichsozialer Politiker. Präsident der Einheitsgewerkschaft im Austrofaschismus.
Streithansel	Streit suchende Person.
Stuckart, Wilhelm	1902–1953. Deutscher Verwaltungsjurist und Politiker. Maßgebend an der Formulierung der Nürnberger Gesetze beteiligt, die die Diskriminierung und Stigmatisierung der Juden rechtlich absicherte.
Suchtpinkerl	Suchtkranker
Swoboda, Emil	1898–1934. Führer des Republikanischen Schutzbundes in Wien-Döbling. Im Aufstand 1934 hingerichtet.
Systääm	System. Der freiheitliche Politiker Jörg Haider (1950–2008) sprach verächtlich von einem »Systääm«, wenn er die Rahmenbedingungen österreichischer Politik angriff.
Tamtam	Unnötiger Aufwand.
Tachinierer	Faule, träge Person.
Turibulum	Schwenkbares Weihrauchfass in der katholischen Kirche.
Trabrennplatzrede	Gemeint ist die Rede von Engelbert Dollfuß am 11. September 1933, in der er den Parlamentarismus ablehnt.

Transmontanismus	Politischer Katholizismus zur Wende vom 19. zum 20. Jahrhundert.
Türkis	Parteifarbe der Neuen Österreichischen Volkspartei seit 2017.
Valle de los *Caídos*	Tal der Gefallenen. In der Nähe von Madrid lässt Franco ein monumentales Grabmonument für sich und den Begründer der Falange, José Antonio Primo de Rivera, und Todesopfer des Bürgerkriegs 1936–1939 errichten. Gegen den Protest von Angehörigen werden auch Anhänger der demokratischen Republik bestattet.
Veuillot, Louis	1813–1883. Französischer Journalist und Autor. Mitbegründer des katholischen transmontanistischen Autoritarismus.
Verwaltungsgerichtshof-präsident	Gemeint ist Clemens Jabloner (geboren 1948). Jurist.
Vizekanzler (damals)	Gemeint ist der damalige FPÖ-Obmann Heinz-Christian Strache.
Voltaire, François-Marie-Arouet	1694–1778. Französischer Philosoph und Schriftsteller. Bedeutender Vertreter der Aufklärung.
Vorwärts-Verlag	Sozialdemokratischer Verlag.
Waldheim, Kurt	1918–2007. Politiker der Österreichischen Volkspartei. Außenminister und 1986–1992 Bundespräsident. Trägt aufgrund seiner ambivalenten, unaufrichtigen und »pflichterfüllenden« Haltung zum Nationalsozialismus entscheidend zu dessen Aufarbeitung in Österreich bei.
Wallisch, Koloman	1889–1934. Sozialdemokratischer Politiker. Aufgewachsen in Lugos (Lugoy) als Banater Schwabe. Katholische Erziehung, Ministrant. Engagiert sich früh in der Gewerkschaftsbewegung. Funktionär der ungarischen Rätediktatur, dann Angestellter der sozialdemokratischen Partei in Bruck/Mur und Graz sowie Abgeordneter zum Steiermärkischen Landtag und zum Nationalrat. Im Februaraufstand 1934 hingerichtet.

Washingtonhof	Wohnanlage in Wien. In ihr (Ahornhof) befand sich beim Aufstand im Februar 1934 die Kommandostelle des Republikanischen Schutzbundes.
Watsche	Kräftige Ohrfeige.
Weissel, Georg	1899–1934. Sozialdemokratischer Politiker. Chemiker und Offizier der Wiener Berufsfeuerwehr. Führer des Republikanischen Schutzbundes in Wien-Floridsdorf. Im Februaraufstand 1934 hingerichtet.
Werfel, Franz	1890–1945. Österreichischer Schriftsteller.
Wichs	Offizielle, festliche Bekleidung von Chargierten in Burschenschaften.
Winter, Ernst Karl	1895–1959. Christlichsozialer Politiker. Vizebürgermeister von Wien im Austrofaschismus.
Winterstein, Robert	1874–1940. Austrofaschistischer Politiker jüdischer Herkunft. 1935–1936 Justizminister.
Würscht	Würste. Da gibt's keine Würscht' = da kann kein Federlesen gemacht werden.
Zigan	Zigeuner
Zyklon B	Schädlingsbekämpfungsmittel, das in nationalsozialistischen Konzentrations- und Vernichtungslagern zur Ermordung von »Untermenschen« eingesetzt wurde.

Helmut Weihsmann

Das Rote Wien

Sozialdemokratische Architektur
und Kommunalpolitik 1919–1934

ISBN 978-3-85371-456-0, geb., Bilder, 496 Seiten, 39,90 €,
mit 23 Rundgängen durch das Rote Wien

Karl Wiesinger

Achtunddreißig

Roman

ISBN 978-3-85371-335-8, Klappenbroschur, 368 Seiten,
29,90 €

Margarete Schütte-Lihotzky

Erinnerungen au
dem Widerstand

Das kämpferische Leben
einer Architektin von 1938–1945

ISBN 978-3-85371-372-3, br., 208 Seiten, 17,90 €
E-Book: ISBN 978-3-85371-829-2, 14,99 €

Friedrich Adler

Vor dem
Ausnahmegerich

Das Attentat gegen
den Ersten Weltkrieg

ISBN 978-3-85371-406-5, br., Bilder, 248 Seiten, 17,90 €